강점의 발견

열리는 나의 미래 ────

강점의 발견

◆ 이동우 지음

**숨겨진 잠재력을 깨우고
미래를 설계하는 강점 START© 모델**

추천의 글

오늘날 대학은 단순히 지식을 전달하는 기관을 넘어, 학생들이 자신의 잠재력을 발견하고 미래 사회에 필요한 역량을 키울 수 있도록 돕는 역할을 수행해야 합니다. 그러한 의미에서 「강점의 발견」은 이러한 시대적 요구에 부응하는 대학생들을 위한 필독서라고 생각합니다.

이 책은 모든 사람에게는 고유한 재능이 있으며, 이를 발견하고 계발하여 강점으로 만들고 세상에 긍정적인 영향을 줄 수 있어야 한다는 강력한 메시지를 전달합니다. 특히, 꿈을 잊고 살아가거나 자신에게 어떤 재능이 있는지 알지 못하는 젊은이들에게 자신의 강점을 발견하고 이를 활용하여 꿈을 현실로 만들 수 있도록 격려하고, 구체적인 방법을 제시합니다.

저자는 독자들이 자신의 삶에서 가장 기뻤던 순간을 떠올려보고, 그 경험 속에서 자신의 강점을 발견하도록 돕습니다. 또한 강점을 발견하는 것에 그치지 않고, 시간과 노력을 투자하여 탁월하고 완벽한 상태로 만들어내는 자신만의 '강점'으로 발전시켜야 한다고 강조합니다.

이 책은 자기성찰을 위한 질문들을 통해 긍정적인 내면 환경을 조성하는 방법을 제시하고, 다양한 분야 사람들의 실제 경험과 깨달음을 담은 이야기들을 통해 독자들의 공감을 얻으며, 실패와 역경에 굴하지 않고 끊임없이 배우고 성장하는 삶의 중요성을 일깨워 줍니다.

저는 이 책이 우리나라 대학의 모든 학생에게 자신의 잠재력을 발휘하고 미래를 설계하는 데 큰 도움을 줄 것이라고 확신하며, 이 책을 통해 우리 청년들이 자신의 꿈을 향해 나아가고, 세상에 긍정적인 영향을 주는 훌륭한 인재로 성장하기를 기대합니다.

• **최도성** 한동대학교 총장

이 책의 저자 이동우 교수를 처음 만난 것은 2018년 갤럽 강점 워크숍에서였습니다. 과정이 끝난 날, 이 교수님이 운영하는 강점경영학교 사무실에 들러 커피를 마시며 강점에 대한 이야기를 나누었던 순간이 시작이 되어, 지금까지도 소중한 인연이 이어지고 있습니다. 그는 이미 오래전부터 강점에 깊이 몰두해 왔습니다. 지난 10년 가까이 계속된 만남을 통해 알게 된 그는 강점과 코칭의 전문가를 넘어, 이를 통해 더 나은 세상을 만들어 가고자 열정적으로 노력하는 실천가였습니다.

저자는 코칭리더십으로 박사 학위를 받았으며, 이후에도 현장에서 강점, 코칭, 역량평가 등 다양한 과정을 끊임없이 배우고 익혔습니다. 갤럽 강점 코치, PCC, KSC 코치로 인정받는 데 그치지 않고, 강점과 코칭의 확산을 위해 전력을 다해 뛰는 모습은 진정한 헌신의 본보기라 할 수 있습니다.

몇 년 전, 한동대학교에서 코칭 문화를 도입하겠다는 그의 포부를 들었을 때 제가 던졌던 질문이 떠오릅니다. "Are you boiling the ocean?(바다를 데우시려고요?)"라는 질문이었지요. 그 후 4년 동안 그는 그야말로 '바다를 데우는' 열정을 보여 주었습니다. 한동대학교에 코칭 문화를 성공적으로 도입하며 누적 1,500명의 학생에게 7,500회 이상의 코칭을 제공했고, 500여 명의 전문 코치들과 협력하여 이를 이루어 냈습니다. 더 나아가, 프랑스와 중동, 아프리카 등에서 해외 선교사들을 위한 코칭 프로그램을 운영하며, 전문 코치를 꿈꾸는 이들을 위해 주말 아침에도 Zoom 강의를 진행하는 모습은 그의 열정을 더욱 깊이 존경하게 만들었습니다. 그는 자신의 Top 5 강점인 개별화, 성취, 최상화, 행동, 발상을 강점과 코칭에서 자연스러운 자기다움과 열정적인 노력을 통해 찬란히 빛내고 있습니다. 그리고 "세상 사람들이 진정한 행복과 풍성한 기쁨의 삶을 살 수 있도록 돕겠다"는 그의 사명 선언이 현실에서 실현되고 있음을 직접 목격할 수 있었습니다.

이번에 저자가 집필한 이 책은 단순히 강점 이론에 머무르지 않고, 강점을 바탕으로 삶의 목표를 설정하고 행복한 삶을 설계하는 방법을 제시합니다. 책에 수록된 150개의 핵심 질문과 실제 강점교육 참가자들의 경험은 독자들에게 강점을 실질적으로 적용할 수 있는 지혜와 영감을 제공합니다. 이 책을 통해 자신의 삶을 강점으로 설계하고 실행하며, 진정한 행복과 성공을 발견하시길 기대합니다.

• 김정원 전 듀폰 코리아 부사장, 한동대 미래위원

이 책은 젊은이들에게 꿈과 열정을 찾아주고, 그들의 잠재력과 강점을 발견하고 계발하여 스스로 삶의 주인공이 되도록 돕는 훌륭한 지침서입니다.

저자는 한국코치협회 회원으로 2022년 제19회 대한민국코칭컨페스티벌에서 영예의 〈올해의 코치상〉을 수상했고, 협회 최고의 코치 자격인 KSC를 취득했습니다. 한국코치협회의 코치가 되면 누구나 코치의 선서를 합니다. "나는 모든 사람의 무한한 잠재력을 믿고 존중한다. 나는 고객의 변화와 성장을 돕기 위해 헌신한다"는 내용인데, 저자는 이를 현장에서 가장 모범적으로 실천하는 분이라고 생각합니다.

코치로서 교수로서 고전과 석학들의 저서를 탐독하며 성찰한 내용을 중심으로, 한동대에서 학생들과 수업하면서 진행했던 삶에 대한 핵심 질문과 그에 대해 학습자들이 스스로 묻고 답했던 과제들이 이 책에 녹아져 있습니다. 그래서 독자들은 '나는 누구인가', '나는 어디에 있는가?', '나는 어떻게 살 것인가?'에 대한 깊은 성찰을 통해 자신만의 고유한 스토리를 만들어 갈 수 있으리라 봅니다.

저자는 이 책에서 우리는 모두 저마다 고유한 다이아몬드 원석, 즉 재능을 가지고 태어난다고 이야기합니다. 끊임없는 자기성찰과 노력을 통해 재능을 '강점'으로 거듭나게 할 수 있습니다. 이 책은 독자들의 재능을 최고의 강점으로 만들어 줄 실용적인 전략과 깨달음을 제시하고 있습니다.

이 책은 단순히 이론적인 지식을 전달하는 데 그치지 않고, 실제 경험과 깨달음을 담은 이야기를 통해 독자들에게 공감을 주고 있습니다. 또한 자기성찰을 위한 질문을 통해 긍정적인 내면 환경을 조성하는 방법을 제시하고, 자신을 든든하게 지지해 주는 외부 환경을 만드는 방법까지 알려 줌으로써 독자들이 행복한 삶을 살 수 있도록 지원하고 격려합니다.

저는 이 책이 코치들에게는 코칭 철학을 더욱 깊이 이해하고 코칭 현장에서 고객의 삶을 행복하게 하는 데 크게 도움을 주고, 청소년을 포함한 코칭을 받는 모든 고객에게는 자신의 강점으로 '멋진 미래를 설계'할 수 있도록 실질적인 도움을 주리라고 생각합니다. 이 책을 모든 코치님과 코칭을 희망하는 분들에게 적극 추천합니다.

• 김영헌 (사)한국코치협회 회장

이 책은 단순한 자기계발서가 아닙니다. 삶의 진정한 나침반을 찾아 떠나는 흥미진진한 여정과 같습니다.

저자의 삼성 OJT 리더로서 처음 만나 오랜 시간 동안 함께 일하며, 그의 일과 사람에 대한 열정과 추진력에 늘 감탄해 왔습니다. 그의 이러한 강점들이 이 책에 고스란히 녹아들어, 독자들에게 깊은 울림과 깨달음을 선사할 것이라고 확신합니다.

이 책은 끊임없이 스스로에게 질문을 던지고 답을 찾아가는 과정을 통해 자신만의 강점을 발견하고, 이를 토대로 미래를 설계할 수 있도록 돕는 친절한 안내자입니다. 막연하게 성공을 꿈꾸는 것이 아니라, 자신의 강점을 기반으로 삶의 목표를 설정하고, 일과 돈, 관계, 건강, 행복 등 삶의 다양한 영역에서 균형을 이루며 살아가는 방법을 제시합니다.

특히 자신의 강점을 발휘하여 돈을 벌고, 이를 통해 자신과 가족, 이웃을 위해 현명하게 사용하는 방법을 제시하는 부분은 깊은 공감을 자아냅니다.

돈을 단순히 물질적인 풍요의 수단으로 보는 것이 아니라, 삶의 가치를 실현하는 도구로 활용한다는 저자의 메시지는 오늘날 우리 사회에 시사하는 바가 크다고 생각합니다.

이 책을 통해 독자 여러분들이 자신만의 강점을 발견하고, 이를 바탕으로 꿈을 향해 나아가는 용기와 지혜를 얻기 바랍니다. 아울러 자신의 강점을 세상과 나누며 더 행복하고 의미 있는 삶을 만들어 나가는 기쁨을 경험하기를 진심으로 응원합니다.

• **최영무** 삼성화재, 삼성사회공헌업무 총괄 사장

차례

추천의 글
서문

1부 · 나는 누구인가

1. 자기 인식	재능 발견	21
	꿈	35
	가장 소중한 것	51

2부 · 나는 어디에 있는가

2. 자기 관리	목표 설정	69
	건강	85
	가족	99
3. 사회적 인식	생활환경	115
	일	129
	돈	147

4. 관계 관리	관계	163
	문제 해결	177
	태도	191

3부 · 나는 어떻게 살 것인가

5. 선한 영향력	행복	211
	성장	225
	공헌	239

에필로그
참고도서

서문

당신이라는 가장 큰 선물

　우리 인생에서 가장 큰 선물은 무엇일까? 모두에게 똑같이 주어진 것이 아닌, 오직 나만을 위해 준비된 특별한 선물은 무엇일까? 우리는 태어나는 순간, 가장 숭고한 선물을 받는다. 바로 '나 자신'이다. 다른 누구도 아닌, 오직 당신의 몸과 마음을 통해 경험하는 모든 것이 하나님이 내려주신 선물과 같다. 그러나 이러한 생각, 감정, 행동은 모든 이에게 동일하게 주어지지 않는다. 바로 그 차이가 '재능'이다. 아주 자연스럽게 느끼고 생각하며 반복적으로 행하는 일련의 패턴, 이것이 바로 재능이다. 우리는 이 재능을 태어날 때부터 지니고 있으며, 매일 매 순간 무의식적으로 사용하고 있다. 하나님은 이 재능을 모두에게 다르게 나누어 주셨다. 얼굴이 모두 다르듯, 사람마다 타고난 재능 또한 다르다. 나에게 고유한 얼굴이 있듯, 모든 사람은 자신만의 특별한 재능을 가지고 태어난다.

　나는 어떻게 하면 모든 사람이 자신만의 재능을 발견할 수 있을까 고민했다. 그러던 중 오래전 읽었던 「위대한 나의 발견, 강점혁명」이라는 책이 문득 떠올랐다. 곧바로 책을 다시 펼쳐 들었고, 강점을 발견하고 해석하는 새로운 방법을 깨닫게 되었다. 마치 막힌 혈관이 뚫리는 듯한 시원한 기분이었다. 미국 갤럽Gallup의 클리프턴Clifton 박사는 1998년에 스트렝스 파인더Strengths Finder라는 진단 도구를 개발하여 내가 고민하던 강점 발견의 방법을 제시해 왔던 것이다. 나는 갤럽의 강점 코치 훈련교육과 인증 시험을 거쳐 2015년에 공인 강점 코치가 되었다. 이후 갤럽의 공인 코치로, 또 대학에서 리더십 개발 및 코칭 과목의 교수로 활동하며 수많은 학생과 기업 임직원을 만났다. 그들의 강점을 발견하고, 그 강점을 바탕으로 삶과 일을 경영해 나가는 방법을 연구해 왔다.

나는 재능 발견에서 멈추는 것이 아니라, 발견한 재능을 '강점으로 경영'하는 것이 중요하다고 생각했다. 하나님이 주신 선물인 자신의 재능을 어떻게 하면 더욱 효과적으로 계발하여 탁월한 강점으로 승화시키고, 삶과 일에서 더 큰 성과를 창출해 낼 수 있을까? 이러한 고민을 거듭하며 연구를 지속했고, 2015년에 '강점경영학교'라는 작은 배움터를 열게 되었다.

'강점 발견'을 시작으로, 학습자들은 자신이 누구인지 더 깊이 이해하고, 현재 자신의 위치를 명확히 인식하며 긍정적인 자아상을 확립하게 된다. 나는 이를 바탕으로 자신이 속한 곳에서 더욱 기쁘고 행복하게 일하고 살아갈 수 있도록 지속적인 학습을 이끌어 냈다.

교육의 효과를 극대화하기 위해 많은 고민을 거듭했다. 학습자들이 스스로 사고하는 시간을 갖고, 그 깨달음을 내면화하기 위해서는 효과적인 방법이 필요하다고 생각했다. 사람들이 사고하는 방법은 다양하지만, 가장 강력한 도구는 '질문'이라는 확신을 갖고 어떻게 하면 효과적인 질문을 던질 수 있을지 연구했다.

고전과 석학들의 저서를 탐독하며, 그들이 남긴 글 속에서 사람들의 사고를 자극하는 질문들을 하나하나 정리하기 시작했다. 수백 권의 책을 쌓아 두고 질문들을 선별하여 데이터베이스화했다. 그렇게 약 5천 개의 질문을 발굴했고, 키워드 중심으로 재분류하여 질문 은행을 구축했다. 오랜 시간과 노력을 들여 구축한 이 질문들을 인생 전반에 걸쳐 중요한 영향을 미치는 15가지 주제로 재분류했고, 각 주제별로 가장 핵심적인 질문 10개씩을 엄선하여 맥락과 흐름에 맞게 재구성하는 작업을 거쳐 총 150개의 핵심 질문을 도출해 냈다. 이러한 과정을 통해 강점경영학교의 수업을 위한 15개의 주제와 150개의 핵심 질문이 탄생하게 되었다.

이 질문들은 매주 수업 과제로 학습자들에게 주어졌다. 각 10개의 질문은 단순한 단답형 답변이나 손쉬운 지식 검색으로 답할 수 없는, 인생을 깊이 성찰하도록 이끄는 심도 있는 과제였다. 처음에는 "문제가 어렵고 이해하기 힘들다", "답을 찾을 수 없다", "시간이 너무 오래 걸린다", "단답형 외에는 떠오르지 않는다" 등 학습자들의 불만이 적지 않았다. 하지만 짧은 단어와 문장으로 답을 적어 내려가던 학습자들은 어느 순간부터 장문의 글을 쓰기 시작했고, 그 누구에게도 쉽게 털어놓지 못했던 내면의 이야기들을 풀어놓기 시작했다. 질문 과제는 수업이 진행될수록 그 깊이를 더해 갔고, 학습자들의 수업 참여도와 몰입도 역시 눈에 띄게 높아졌다. 스스로 답한 질문에 대해 수업 시간에 서로 이야기를 나누면서, 다른 사람들의 이야기에 깊은 호기심을 느끼고 긍정적인 자극을 주고받았다.

학기 말, 학습자들은 15개의 주제에 대해 스스로 묻고 답했던 과제들을 모아 자신만의 책으로 엮어냈다. 자신의 삶을 관통하는 질문들, '나는 누구인가?', '나는 어디에 있는가?', '나는 무엇을 하고 있는가?', '나는 어떻게 살아갈 것인가?'에 대한 깊은 성찰을 통해 그 누구와도 다른 자신만의 고유한 스토리를 만들어 낸 것이다. 이러한 과정을 통해 학습자들은 있는 그대로의 자신을 더욱 사랑하게 되었고, 타인이 아닌 자신의 강점을 기반으로 주어진 환경 속에서 더욱 나은 삶을 살아갈 수 있다는 자신감을 얻었으며, 더 큰 꿈과 희망을 품게 되었다.

이 책을 통해 독자들은 재능 발견에 그치지 않고, 발견한 재능을 자신의 것으로 내면화하고 성장시켜 '강점'으로 발전시켜 나가는 여정을 함께하게 될 것이다. 부디 이 여정을 함께하며 질문에 답해 보길 바란다. 이 과정은 그 누구도 아닌, 당신 자신의 인생을 새롭게 정립하는 중요한 전환점이 될 것이다. 자신을 깊이 들여다볼수록, 세상을 바라보는 시각 또한 달라질 것이다.

아울러 지난 10년 동안 성균관대, 숙명여대, 서울여대, 홍익대, 국민대, 서경대, 호서대, 한동대에서 함께한 학생들과 강점경영학교, JES, PBS, OSOM, 한동 코칭아카데미를 통해 만났던 교육생들 그리고 여러 기업의 리더십 코칭 고객들에게 고마움을 전한다.

이 모든 순간을 함께해 주고, 끊임없이 응원해 준 가족에게 진심으로 감사하며, 함께 걸어갈 미래를 기대한다.

이 책을 읽는 모든 이들의 행복과 기쁨의 여정을 응원한다.

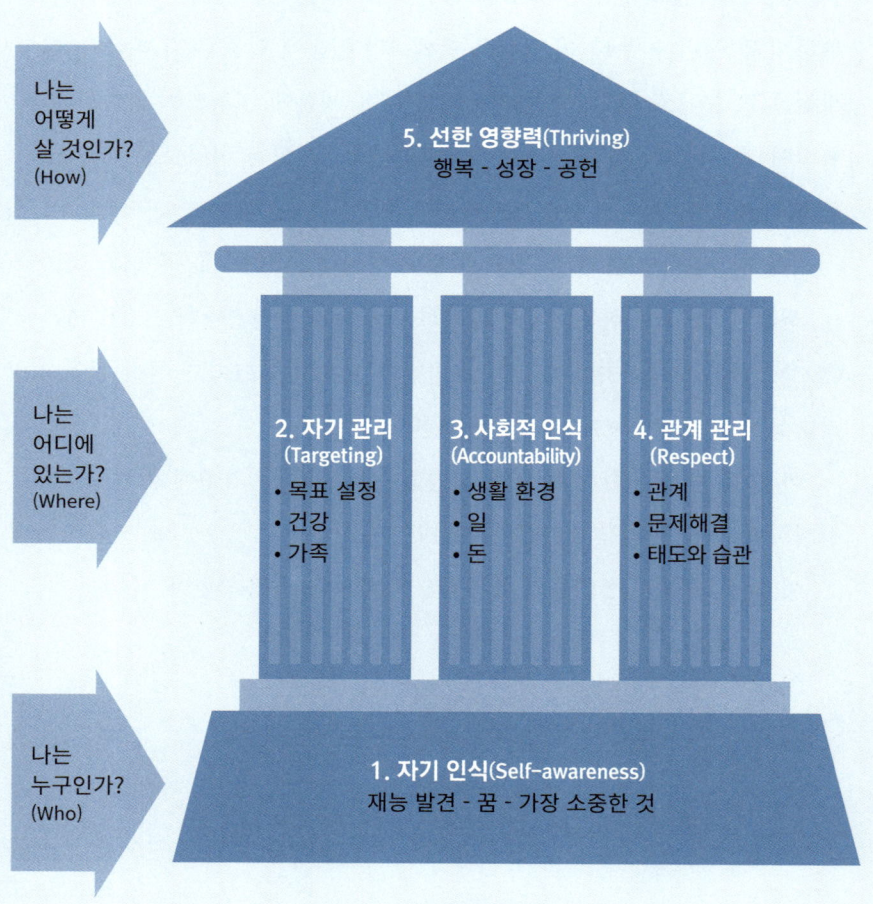

START 모델은 삶의 주체인 '나'를 중심으로, 5가지 핵심 역량을 키워 나가는 여정을 제시한다.

1. 자기 인식 Self-awareness 나는 누구인가?
나의 강점과 꿈을 발견하고, 삶의 의미와 가치를 정립하는 단계다.
핵심 질문: 나는 무엇을 잘하고, 무엇을 좋아하며, 무엇을 중요하게 생각하는가?

2. 자기 관리 Targeting, Self-management 내 삶의 주인은 나!
삶의 사명을 중심으로 목표를 설정하고, 심신을 건강하게 관리하며, 가족을 돌보는 단계다.
핵심 질문: 나는 어떤 사람으로 살아가고 싶으며, 이를 위해 어떻게 시간을 사용하고, 나를 돌볼 것인가?

3. 사회적 인식 Accountability, Social awareness 세상과 더불어 살아가기
세상 속에서 주어진 환경에 적응하고 도전하며, 나의 강점으로 사회에 기여하는 단계다.
핵심 질문: 나는 세상에 어떤 영향을 주고 싶으며, 사회의 어떤 문제 해결에 도움이 될 수 있을까?

4. 관계 관리 Respect, Relationship management 함께 성장하는 우리
서로 존중하고 협력하며, 소통과 공감을 통해 문제를 해결하고, 미래를 위한 리더십을 키워 나가는 단계다.
핵심 질문: 나는 다른 사람들과 어떻게 관계를 맺고 함께 성장할 수 있을까?

5. 선한 영향력 Thriving, Positive impact 세상에 빛을 비추는 사람
꾸준한 학습과 계발을 통해 전문성을 키워 성취감을 느끼고, 다른 사람들을 돕는 단계다.
핵심 질문: 나는 어떤 분야에서 전문성을 발휘하여 세상에 선한 영향을 줄 수 있을까?

START 모델은 자기 성찰과 성장을 통해, 우리 모두가 세상에 긍정적인 영향을 주는 사람으로 성장할 수 있도록 돕는다.

1부
나는 누구인가

1. 자기 인식

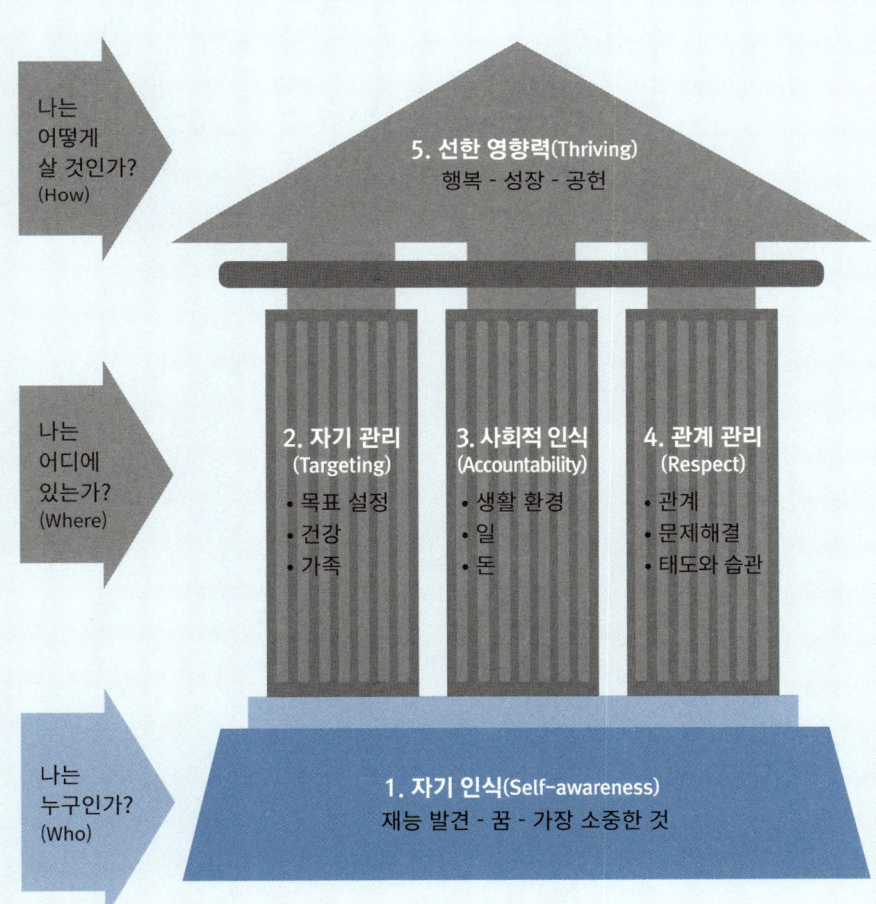

START Model
©2025 Copyright 이동우

재능 발견

사람은 저마다 타고난
재능이 있다.

    결혼 후 처음 아이를 맞이한 부부는 마치 새로운 세상에 발을 들인 듯 매일매일이 경이로운 기적의 연속임을 체험한다. 아이의 작은 몸짓 하나하나에 감격하고, 뒤집고 기어다니고 걷는 모습을 보며 '천재'라 외친다. 하지만 아이가 자라 말을 배우고 키가 크고 학교에 다니기 시작하면서 부모의 시선은 점차 달라진다. 한때 천재라 여겼던 아이는 어느 순간 '문제아'처럼 여겨지기도 하고, "잘한다", "잘했어", "최고다"라는 칭찬은 "안 돼", "잘못했어", "하지 마라"라는 질책으로 바뀌기도 한다. 왜 이런 변화가 일어나는 것일까?

    우리는 모두 저마다 고유한 재능을 가지고 태어난다. 얼굴, 목소리, 성격 등 모든 것이 다르다. 세상에 똑같은 사람은 단 한 명도 존재하지 않는다. 하지만 왜 어떤 사람은 '천재'로 살아가고, 어떤 사람은 아무런 재능도 없는 것처럼 살아가는 것일까? 정말 하나님은 모든 사람에게 재능을 부여하셨을까? 안타깝게도 많은 사람들이 그렇지 않다고 생각하는 듯하다. 우리가 익히 잘 알고 있는 극소수의 '천재'들만이 특별한 재능을 가지고 있다고 여기고, 자신에게는 그런 재능이 없다고 생각하는 것이다. 정말 그럴까?

결론부터 말하자면, 모든 사람은 분명 자신만의 타고난 재능을 가지고 있다. 다만 그 재능이 무엇인지 제대로 알지 못하고, 살아가는 동안 그 재능을 묻어 둔 채 마치 자신의 것이 아닌 양 지내왔을 뿐이다. 주변을 둘러보라. 무엇이 보이는가? 하늘, 땅, 나무, 풀…. 그중 똑같은 것이 있는가? 이 모든 존재는 아무런 목적 없이 존재하는 것일까? 세상에 무의미한 것은 없다. 모든 존재는 저마다의 목적과 가치를 지니고 있다. 게다가 만물의 영장이라는 인간에게 존재 가치가 없을 리 없다. 이 세상 그 무엇과도 바꿀 수 없는 것이 바로 '나'이며, 가장 소중한 것은 바로 '사람'이다.

그렇다면 타고난 우리의 재능은 무엇일까? 나는 공부를 특출나게 잘하는 것도 아니고, 운동이나 음악, 미술에 뛰어난 재능을 보이는 것도 아닌데, 도대체 무슨 재능이 있다는 것일까? 물론 공부, 음악, 미술, 체육에 뛰어난 것은 분명 재능이다. 하지만 세상은 그런 사람들로만 이루어져 있는 것이 아니다. 음식을 맛있게 만드는 사람, 옷을 능숙하게 만드는 사람, 환자를 정성껏 돌보는 사람, 주변을 깔끔하게 정리하는 사람, 화초를 잘 가꾸는 사람, 기계를 능숙하게 다루는 사람 등 세상의 모든 일에는 그 일을 잘하는 사람들이 존재한다. 하지만 우리는 눈에 띄는 소수의 사람만이 재능을 가지고 있다고 생각하고, 그렇지 못한 사람들은 아무것도 잘하는 것이 없다고 단정 짓는다. 정말 그럴까?

과학과 기술의 눈부신 발전으로 사무실과 공장에서 사람이 하던 일들을 컴퓨터와 로봇이 대신하고 있다. 지식과 육체적인 힘만으로 능력을 평가하는 시대는 이미 지나가고 있으며, 특히 기능적인 지식과 노동력이 재능으로 여겨지던 시대는 사라졌다. 마치 SF 영화에서 보던 것처럼, 인공지능 컴퓨터와 로봇이 인간을 지배하는 시대가 도래하고 있다.

이러한 격변의 시대에 인간은 어떻게 해야 할까? 분명한 것은 자신이 누구인지 다시 찾아야 한다는 것이다. 인간은 무엇인가? 인간이 할 수 있는 일은 무엇인가? 인간은 어떻게 일해야 하는가? 이러한 근본적인 질문에 대한 답을 찾아야 한다.

다른 사람과 구별되는 나만의 고유한 잠재력, 이것을 우리는 '재능'이라고 부른다. 그렇다면 이 재능을 어떻게 발견할 수 있을까? 아주 간단하게는 소소한 일상에서 그 실마리를 찾을 수 있다. 가족이나 친구에게 "나는 무엇을 잘해?"라고 물어보라. 주변 사람들이 쉽게 답을 해준다면 정말 다행이다. 하지만 안타깝게도 많은 사람들이 명확한 답을 얻지 못한다.

그러나 실망하지 마라. 당신의 재능을 발견하는 더 쉬운 방법이 있다. 먼저 당신의 삶에서 가장 기뻤던 순간, 즉 '최고의 순간'을 떠올려 보라. 그때는 언제였는가? 그때 당신은 무엇을 하고 있었는가? 어떤 결과가 있었는가? 그때 당신의 마음은 어떠했는가? 그러한 결과를 만들어 낸 원동력은 무엇이었는가?

간단한 질문과 대화를 통해 당신이 이뤄낸 최고의 성과와 그 성과의 원동력인 재능을 발견할 수 있다. 그 성과가 남들이 인정하는 성적, 학교, 직업, 자격 등의 형태가 아니어도 괜찮다. 중요한 것은 당신이 느꼈던 기분 좋은 상태, 즉 '기쁘고 즐거운 상태'다.

당신만의 '최고의 순간'은 언제였는가? '가장 기쁘고 즐거웠다'고 생각하고 느끼고 표현했던 순간이면 충분하다. 그 최고의 순간에 당신은 무엇을 했는가? 어떻게 그런 결과가 생겼다고 생각하는가? 그 일을 하는 동안 당신의 어떤 재능이 발휘되었는가? 이 질문들에 답하며 자신을 탐색하는 시간은 매우 중요하다.

어떤 이에게는 '무언가를 만들었던' 순간, '문제를 해결했던' 순간, '새로운 아이디어를 떠올렸던' 순간일 수도 있고, 또 다른 이에게는 '다른 사람을 도왔던' 순간일 수도 있다. 정해진 답은 없다. 당신 스스로 만족스러운 일이었다면 충분하다. 이 최고의 순간은 사람마다 모두 다르다.

중요한 것은 그 최고의 순간을 만들어 낸 바로 그 순간, 당신 안에서 무엇이 움직였는지를 발견하는 것이다. 그때 당신 안에 숨겨져 있던 어떤 강력한 힘이 작동했을 것이다. 그것은 사고력, 실행력, 영향력, 대인 관계 능력 등 매우 다양할 것이다. 그것은 과연 무엇일까?

그것은 바로 당신이 가장 편안하고 자유롭게 생각하고, 느끼고, 행동할 때 나타나는 잠재력, 즉 '재능'이다. 재능은 우리 눈에 잘 띄지는 않지만 우리 안에 존재하며, 언제든지 쉽게 꺼내 사용할 수 있고, 쓰면 쓸수록 더욱 발전하는 무한한 힘이다.

안타까운 것은 많은 사람들이 자신의 재능을 제대로 알지 못한다는 것이다. '최고의 순간'을 떠올려 보라고 해도, 그런 순간이 없다고 답하거나 잘 모르겠다고 답하는 사람들이 의외로 많다.

또 다른 방법으로, 도널드 클리프턴 Donald O. Clifton 은 「강점에 올인하라」라는 책에서 재능의 근거를 찾는 다섯 가지 방법, 즉 동경 yearnings, 만족 satisfactions, 빠른 학습 rapid learning, 순간적 탁월함 glimpses of excellence, 완벽한 탁월함 total performance of excellence 을 제시했다. 이를 바탕으로 다음 질문들에 답해 보라.

- 당신이 동경하고, 정말 하고 싶고, 되고 싶었던 것은 무엇인가? 단순히 어떤 결과를 바라기보다, 과정에서 지속적인 흥미를 느끼고 그

자체를 즐기는 일은 무엇인가?
- 과정과 결과 모두에서 가장 큰 만족감을 주었던 일은 무엇인가? 앞으로도 계속하고 싶고, 잘하면서도 만족감이 높은 일은 무엇인가?
- 새로운 것을 배울 때, 가장 빨리 배우는 것은 무엇인가?
- 어떤 일을 할 때 생각지도 못한 아이디어와 행동으로 좋은 결과를 만들어 낸 적이 있는가? 그때는 언제였는가? 그때 당신은 어떤 행동을 했는가?
- 시종일관 흔들림 없이 똑같은 결과를 완벽하고 탁월하게 해내는 것은 어떤 일인가? 주변 사람들은 당신이 가장 완벽하게 해내는 일이 무엇이라고 말하는가?

위의 다섯 가지 조건을 모두 충족시키는 재능을 찾기란 쉽지 않다. 많은 경우 한두 가지 조건은 충족하지만, 다섯 가지를 모두 갖춘 재능을 찾기는 매우 어렵다. 그래서 보다 객관적이고 과학적인 방법을 추천한다. 바로 강점 진단 도구인 스트렝스 파인더$^{Strengths\ Finder}$다. 1998년에 미국 갤럽^{Gallup}에서 개발된 이 도구는 전 세계 3천만 명 이상이 경험한 검증된 진단 도구다. 40분 동안 177개의 질문에 답하면, 당신이 가진 가장 뛰어난 강점들을 알려 주고, 그 강점을 어떻게 활용하고 발전시킬지에 대한 가이드를 제공한다.

위에서 제시한 '최고의 순간'과 '강점의 5가지 특성' 그리고 '스트렝스 파인더' 등의 재능 발견 도구를 사용하여 자신의 재능을 발견했다면, 이제 당신은 지금과 다른 자신만의 강점으로 살아갈 수 있는 새로운 기반을 마련한 것이다.

'재능'과 '강점'은 어떻게 다른가?

'재능'은 타고난 잠재력으로 해석된다. 마치 눈에 잘 드러나지 않고 물속에 잠겨 있는 빙산과 같다. 그런 '재능'에 시간과 노력을 투자하여 탁월하고 완벽한 상태로 만들어 낸 것이 바로 '강점'이다.

중요한 것은 재능을 발견하고 아는 것에 그쳐서는 안 된다는 것이다. 그것을 자신의 것으로 받아들이고 또 자신만의 강점으로 계속 계발해 나가야 한다. 다시 한번 강조하지만 사람은 누구나 자신만의 재능이 있다. 그것을 빨리 발견하여 자신이 하고 싶고 또 오랫동안 만족감을 누리며 지속적으로 성장하고 탁월한 결과를 만드는 강점으로 만들어 가야 한다.

오래전, 어떤 탐험가가 아프리카를 여행하던 중에 원주민 아이들이 가지고 놀던 반짝이는 큰 돌을 유심히 살펴보게 되었다. 놀랍게도 그것은 다이아몬드 원석이었다. 그것을 줄 수 있냐고 물었을 때 아이들은 주저하지 않고 탐험가에게 줬고, 그는 귀국하여 그 다이아몬드를 가공한 후 팔아 큰 부자가 되었다고 한다. 원주민 아이들이 반짝이는 돌의 가치를 몰랐던 반면, 탐험가는 다이아몬드의 가치를 알아봤기에 가능한 일이었다. 당신은 어떤 원석을 가지고 있는가? 혹시 그것을 땅에 묻어 두고 있지는 않는가? 이제 자신에게 있는 원석을 발견했다면 그것을 보석으로 가공해야 한다. 잘 갈고 다듬어 멋지게 광을 내야 한다. 그것은 다른 누구도 아닌 바로 당신의 일이다.

KEY GUIDE 재능 발견

1. 당신이 부러워했거나 되고 싶었던 것은 무엇인가요?

   1)
   2)

2. 당신에게 만족감을 주는 일은 무엇인가요?

   1)
   2)

3. 가장 빨리 배우는 일은 무엇인가요?

   1)
   2)

4. 생각지도 못한 아이디어로 좋은 결과를 도출해 냈던 것은 무엇인가요?

   1)
   2)

5. 당신이 가장 완벽하고 탁월하게 수행할 수 있는 일은 무엇인가요?

   1)
   2)

6. 강점 진단 도구 스트렝스 파인더Strengths Finder로 자신의 강점을 진단하고, 자신의 강점 TOP-5를 적어 보세요.

   1)   2)   3)   4)   5)

| KEY QUESTION 재능 발견 |

1. 당신이 만약 꽃으로 태어난다면 어떤 꽃이 되고 싶나요?

우리들의 이야기

꽃으로 태어난다면, 민들레가 되고 싶다. 작고 아담하고 화려하지 않은 소박한 모습이 현재 내 모습과 비슷하다. 어디서나 잘 자라는 생명력과 많은 이들이 쉽게 찾아볼 수 있어 익숙하고 편한 꽃이라는 점 또한 마음에 든다. 민들레의 가장 큰 매력은 노란 꽃이 진 뒤 하얀 씨가 맺혀 사람들에게 부는 재미를 주고 그 씨앗이 멀리멀리 바람을 타고 쉽게 날아가 새로운 곳에서 언제나처럼 굳센 생명력으로 자리 잡고 다시 피어나는 것이다. 민들레처럼 널리 퍼질 수 있는 에너지와 영향력을 가진 사람이 되고 싶다. _유혜원

천일홍이다. 색이 오랫동안 변하지 않아 천일홍이라 불리는 이 꽃은 여름에 절화용 또는 건조화로 이용한다. 작고 앙증맞아 주로 다른 꽃들의 아름다움이 더 부각되도록 하는 꽃이다. 그 색이 오랫동안 변하지 않는다는 점에서, 나 역시 묵묵하지만 꾸준하고 오랫동안 사랑받을 수 있는 꽃이 되고 싶다. _이현정

2. 당신의 미래를 성공으로 이끌 것 같은 당신만의 기술이나 능력, 습관은 무엇인가요?

우리들의 이야기

나는 사람들을 대할 때 진심 어린 태도로 대하고자 노력한다. 이렇게 노력하면서 진심으로 사람을 대하는 태도가 습관이 아닌 성격으로 바뀌게 되었고, 사람들 또한 나를 진심으로 대하기 시작했다. 모든 일의 근본에는 사람이 있다고 생각한다. 어떤 일을 어떤 사람과 하느냐에 따라서 결과가 달라지기도 한다. 일을 하는 과정에서 함께 일하는 사람들의 역할을 빼놓을 수 없는 것이다. 인간관계에서 지금처럼 진심을 다한다면 성공으로 가는 여정에 큰 어려움이 없으리라 생각한다. _정세하

3. 하늘이 당신에게 준 특별한 선물은 무엇이라고 생각하나요?

우리들의 이야기

매 순간순간이 특별한 선물이다. 아침에 일어나서 대중교통을 타고, 학교에 들어와 수업을 듣고, 친구를 만나며, 과제를 하는 일상이 정말 감사한 일이라고 생각한다. 2013년부터 국경없는의사회, 세이브더칠드런 등 NGO에 후원을 하고 있는데 그곳에서 받는 소식지에서 그리고 뉴스에서, 내가 살고 있는 곳 밖의 세상 이야기를 접한다. 안전하게 지낼 수 있는 사회 인프라 속에서 내가 원하는 교육을 받고 나를 포함해 주변 모두가 건강하고 행복하게 잘 지내고 있다는 사실이 기적과 같다. 그렇기 때문에 내가 받은 하늘의 선물 역시 언젠가는 다른 누군가에게 전달해 주어야 한다는 사명감을 가지고 있다. _**양지성**

내게 주신 특별한 선물은 사교성이라고 생각한다. 새로운 사람들을 만나는 것을 좋아하고 여러 사람들과 만나서 서로의 이야기를 나누고 다 함께 어울려 노는 것을 좋아한다. 내가 가진 좋은 장점이 아닐까 생각한다. 아르바이트하는 곳에서도 사장님이 "사교적이고 밝은 성격은 누구나 가질 수 있는 게 아닌데, 진주는 그런 면에서 사교적인 성격이 좋은 장점으로 작용하는 것 같다"라는 말을 자주 해주셨다. 사람들에게 먼저 다가가려 하고 금방 친해질 수 있는 사교성이 내게 주어진 특별한 선물이라고 생각한다. _**이진주**

4. 당신이 가진 최고의 스킬이나 재능 다섯 가지는 어떤 것인가요?

우리들의 이야기

1. 살아 있는 눈빛과 반듯한 태도를 가지고 있다.
2. 악조건에서도 꽃을 피울 수 있다. 역경을 기회로 삼을 수 있는 능력이 있다.
3. 사람들을 이끌어 줄 수 있는 리더십이 있다.
4. 집중력이 뛰어나며, 원하는 목표를 이루기 위해 참고 인내할 수 있다.
5. 후에 무용과 심리치료를 접목하여 많은 사람들의 아픔을 춤을 통해 치유해 줄 수 있다. _조유진

1. 사람들과 친해지는 친화력
2. 다른 사람 앞에서 의견을 말할 수 있는 대담함
3. 다른 사람의 의견과 고민을 들어줄 수 있는 차분함
4. 모든 일의 큰 그림을 볼 수 있는 능력
5. 새로운 아이디어를 내는 능력 _조해리

> REFLECTION QUESTION 재능 발견

1. 당신이 가장 기뻤던 순간은 언제였나요?
   - 그 순간이 왜 특별했나요?

2. 어렸을 때 두각을 나타냈던 부분은 무엇이었나요?
   - 주변 사람들은 당신의 재능을 어떻게 격려했나요?

3. 다른 사람들은 모르는, 당신 안에 숨겨진 보물은 무엇인가요?
   - 당신만이 가지고 있는 특별한 재능이나 장점은 무엇인가요?

4. 하늘이 주신 특별한 선물은 무엇이라고 생각하나요?
   - 당신에게 주어진 특별한 능력은 무엇인가요?

5. 당신을 잘 아는 사람들은 당신의 강점과 약점에 대해 어떻게 말하나요?
   - 그들의 피드백을 통해 배운 점은 무엇인가요?

6. 당신의 미래 성공을 예상하게 하는 기술이나 습관은 무엇인가요?
   - 어떤 능력이 당신을 성공으로 이끌 것인가요?

7. 당신이 가진 최고의 기술이나 능력 5가지를 나열해 보세요.
   - 스스로 가장 자랑스러워하는 능력은 무엇인가요?

8. 숨겨진 재능을 계발하는 데 더 많은 시간을 보낸다면 어떤 변화가 있을까요?
   - 그 재능을 발전시키면 어떤 결과를 기대할 수 있을까요?

9. 어떤 환경과 자원이 주어질 때 능력을 더 잘 발휘하나요?
   - 어떤 조건에서 가장 효과적으로 일할 수 있나요?

10. 당신의 재능을 창의적으로 사용할 방법은 무엇인가요?
    - 일상에서 어떻게 재능을 활용할 수 있을까요?

꿈

당신의 꿈을 여는 열쇠는
바로 당신의 강점을 제대로 아는 것이다.

꿈이란 무엇일까? 구운몽, 유토피아, 아라비안나이트 등 꿈에 대한 이야기는 동서고금을 막론하고 다양하게 전해져 내려온다. 사전적인 의미로 꿈은 "마음, 의지, 감정에 에너지를 불어넣어 모든 것을 해낼 수 있도록 이끄는 미래의 그림"이라고 정의되며, "인간의 영혼에 심어진 가능성의 씨앗"이라고도 표현된다.

당신은 지금 어떤 미래를 그리고 있는가? 어떤 가능성의 씨앗을 뿌리고 있는가? 어린 시절에는 누구나 수많은 꿈을 꾼다. 대통령, 의사, 교수, 사장 등 원대한 꿈 하나쯤은 마음속에 품고 있었다. 나 역시 비행기를 타고 전 세계를 누비는 외교관을 꿈꿨었다. 당신의 어린 시절 꿈은 지금 어떻게 되었는가? 여전히 가슴속에 간직하며 실현해 나가고 있는가, 아니면 기억 속 한 장면으로 희미하게 잊혀가고 있는가?

"꿈을 가진 사람은 결코 늙지 않는다." 다음 두 사람의 이야기를 살펴보자. 진룽金庸은 중국의 저명한 무협소설 작가다. 그의 작품 「영웅문」, 「사조영웅전」, 「소오강호」 등은 전 세계 여러 나라에 번역되어 10억 부 이상 판매되었다. 그는 중국의 정치 지도자인 덩샤오핑과 시진핑은 물론 알리바바의 창업자인 마윈과 같은 기업가들의 사랑을 받는 작가이기도 하다. 그의 업적을 기려 영국은 대영제국 훈장을 수여했다. 케임브리지대학교는 그에게 명예박사 학위를 수여하고자 했으나 그는 명예박사 학위를 정중히 거절하고, 정식 박사 연구생으로서 학업에 매진하겠다고 밝혔다. 그의 나이 80세 때의 일이었다. 5년 후인 2010년, 그는 '당唐 왕조의 왕위 계승'을 주제로 한 논문으로 당당히 동양학 박사 학위를 받았고, 89세인 2013년에는 중국 베이징대학교에서 문학박사 학위를 받았다. 80대에 영국과 중국에서 박사 학위를 취득한 사람은 아마도 그가 유일할 것이다.

또 다른 한 인물은 대학교수로 헌신적으로 일하다 65세에 은퇴했다. 그런 그가 95세의 나이가 되었을 때, 지난 30년을 허송세월했다고 눈물로 후회하며 외국어 공부를 시작한다. 10년 후인 105세에 똑같은 후회를 반복하지 않기 위해서였다. 이후 103세까지 현역으로 활동하다 2013년 세상을 떠난 이 사람은 바로 호서대학교와 서울벤처정보대학원대학교의 설립자인 강석규 박사다. 당신은 어떻게 생각하는가? 꿈을 꾸는 데 나이는 단지 숫자에 불과하지 않은가? 지금 나이 때문에 망설이며 미루어 둔 꿈이 있는가? 더 늦기 전에 시작해 보라. 100세 전에 그 꿈은 현실이 될 수 있다.

당신은 어떤 꿈을 꾸고 있는가? 좋은 꿈을 꾸기 위해서는 다음의 세 가지 조건이 필요하다.

첫째, 자신의 잠재력을 믿어야 한다. 즉, 자기 효능감이 있어야 한다. 자기 효능감은 "일을 완수하고 목표에 도달하는 자신의 능력에 대한 믿음의 정도 또는 힘"을 의미한다. 스탠퍼드대학교의 심리학 교수였던 앨버트 반두라Albert Bandura 박사는 자기 효능감을 높이는 네 가지 요건을 제시했다.

- 과거의 성공 경험을 통해, 새롭고 낯선 일에 직면했을 때 "이전에도 해냈으니 이번에도 할 수 있다"는 자신감을 얻을 수 있다.
- 직접 경험하지는 않았지만 자신이 존경하고 닮고 싶은 사람의 행동을 관찰하며 "나도 저 사람처럼 될 수 있다"는 믿음을 가질 수 있다.
- 자신을 지지하고 칭찬하는 사람들의 격려를 통해 자신감을 키울 수 있다.
- 자신이 속한 조직이나 함께하는 사람들의 긍정적인 분위기 속에서 자기 효능감이 향상된다. "나는 할 수 있다"는 믿음이 없는 꿈은 그저 공상에 불과하다. 자신을 믿지 못하는데 어떻게 타인을 설득하고 어려운 도전을 지속할 수 있겠는가?

둘째, 과거의 성공 경험과 롤모델을 찾아보고, 당신을 지지하며 함께하면 힘이 나는 사람들 곁으로 다가가라. 무엇보다 중요한 것은 자신을 믿는 것이다. 그리고 그 꿈을 사랑해야 한다. 얼마나 간절히 꿈꾸는가에 따라 꿈은 현실이 된다. 어떤 일이나 어려움, 장애물에 직면하더라도 꿈을 포기하지 않고 지켜낼 수 있는 것은 간절함과 사랑 덕분이다. 당신이 간절히 바라는 꿈은 무엇인가? 수많은 좌절을 겪었지만 마침내 이루어낸 꿈은 무엇인가?

미식축구 선수의 꿈을 그린 〈루디 이야기〉라는 영화가 있다. 주인공 루디 루티거Rudy Ruettiger는 아일랜드 이민자 가정의 9남매 중 넷째로 태어났다. 아버지와 형들이 대대로 제철소에서 일하는 평범한 가정환경이었다. 그 역시 고등학교를 졸업하면 집 근처 제철소에서 일하는 것이 당연한 것으로 여겨졌다. 하지만 그는 노트르담대학교의 미식축구 선수를 꿈꾸었다. 그는 왜소한 체구에 뛰어난 운동 실력도 갖추지 못했지만, 꿈을 포기하지 않았다. 고등학교 졸업 후 제철소에서 일하면서도 그의 꿈은 더욱 강렬해졌다. 어느 날 새벽, 그는 무작정 집을 떠나 노트르담대학교를 찾아갔고, 그곳에서 대학 교회의 카바나 신부로부터 대학에 입학할 수 있는 방법을 듣게 된다. 2년제 칼리지를 다니며 힘겹게 꿈을 키워 가던 루디는 마침내 노트르담대학교에 편입한다. 꿈에 그리던 미식축구팀에 들어가 2년 동안 후보 선수로 맹훈련하지만, 주전 선수로 뛰고 싶다는 그의 간절한 꿈은 쉽게 이루어지지 않았다. 졸업을 앞둔 마지막 경기에서도 그에게는 뛸 기회가 주어지지 않았다. 하지만 경기 종료 시각을 27초 남긴 상황에서 동료 선수들과 관중들은 "루디"를 외쳤고, 그 순간 그는 꿈에 그리던 그라운드를 질주하게 된다. 마침내 루디의 꿈이 이루어진 것이다. 하지만 이야기는 여기서 끝나지 않는다. 1976년, 루디는 대학을 졸업한다. 고등학교를 졸업하면 집안 대대로 제철소 용광로에서 일한다는 고정관념을 가지고 있던 그의 동생들은 형이 꿈을 이루는 모습을 지켜보았고, 그 결과 다섯 명의 동생 모두 대학을 졸업하게 된다. 한 사람의 소중한 꿈이 다른 사람에게 더 큰 꿈을 꾸게 만든 것이다.

셋째, 자신의 꿈을 다른 사람과 비교하지 말라. 남이 잘하는 것을 보고 억지로 따라 하는 것은 진정한 자신의 것이 아니기에 쉽게 싫증을 느끼고 지치게 된다. 진정한 비교 대상은 타인이 아닌 자기 자신이 되어야 한다. 자신이 좋아하고 잘하는 일을 하면 된다.

치과 의사인 아버지를 비롯한 친척들이 대부분 의사인 유복한 집안에서 태어난 형제가 있었다. 부모님의 뜻에 따라 의과 대학에 진학했지만, 그들의 진정한 꿈은 요리사가 되는 것이었다. 요리를 배우고 식당을 운영하겠다는 그들의 말에 부모님은 강하게 반대했지만, 그들은 "한 번뿐인 인생, 평생 해야 하는 일인데 정말 좋아하는 일을 하며 살게 해달라"고 부모님을 설득했고, 마침내 '참설농탕'이라는 작은 식당을 열게 된다. 당신은 의사 가운을 벗고 주방 앞치마를 두른 조영대, 조영일 형제의 꿈을 어떻게 생각하는가? 너무 소박해서 의미 없다고 생각하는가? 그렇지 않다. 이들 형제의 말처럼 자신이 하고 싶은 일을 마음껏 하는 것이 행복이며, 그것이 바로 진정한 꿈 아니겠는가?

이제 당신의 강점으로 어떤 꿈을 꿀 수 있을지 좀 더 구체적으로 알아보자.

첫째, 꿈을 명확히 할 필요가 있다. 한 문장으로 설명할 수 있고, 그것이 무엇인지 분명히 알 수 있도록 글로 표현하면 훨씬 더 구체적이고 측정할 수 있는 목표가 될 것이다. 자신의 인생을 통해 이루고 싶은 다양한 영역의 꿈을 버킷 리스트bucket list 작성을 통해서 조금 더 명확하게 할 수 있다. 물론 이 버킷 리스트는 언제든 자신의 상황에 맞게 수정할 수 있다. 존 고다드John Goddard라는 미국의 탐험가가 있다. 그는 나이 15세인 1940년에 "나의 인생 목표My Life List"라는 제목으로 탐험, 고고학 연구, 등반, 사진 촬영, 수중탐사, 해외여행, 성취할 일 등 다양한 분야의 127개의 꿈을 적었다. 90세의 나이로 세상을 떠나기 전까지 그는 109개의 꿈을 이루었다. 10대에 글로 쓴 그의 꿈 목록이 조금씩 그를 움직여 의사, 탐험가, 학자 그리고 선교사 등 다양한 역할과 꿈을 달성하게 한 것이다. 당신도 지금 당장 자신의 꿈을 종이에 써 보라. 그것으로 이미 꿈은 이루어지기 시작한 것이다.

둘째, 꿈을 이루기 위한 열쇠를 찾아야 한다. 꿈을 이루기 위해 가장 먼저 해야 할 준비는 무엇일까? 자신의 꿈을 여는 열쇠를 찾는 것이다. 그 열쇠는 바로 당신의 강점을 제대로 아는 것이다. 자신이 가장 잘할 수 있는 강점이 꿈을 현실로 바꾸어 줄 것이다. 다시 한번 당신의 '강점 열쇠'

에 집중하라. 그리고 열쇠가 가리키는 문으로 들어가라.

셋째, 구체적인 실행계획이 있어야 한다. 당신이 이루기를 희망하는 꿈에 대한 정확한 진단이 필요하다. 지금 꿈을 이루기 위해 어떤 준비가 되어 있고, 어떤 자원이 있고, 어떤 환경 속에 있는지를 먼저 파악하라. 그래서 그것을 육하원칙에 따라 어떻게 접근할 것인지를 계획하라. 그리고 중간 점검을 잊지 마라.

넷째, 나의 꿈을 이룰 수 있도록 돕는 조력자를 찾아라. 내가 꿈에 한 발짝 더 다가갈 수 있도록 도울 수 있는 사람은 누구인가? 조언을 구하고 또 구체적인 해결책을 함께 찾을 수 있는 멘토나 코치를 찾아라. 그들에게 묻고 함께 생각하고 대화하는 시간을 보내라.

켄트 김Kent Kim이라는 사람이 있다. 그는 하버드대학을 졸업한 인재였지만 자신에 대한 열등감이 많았다. 대학을 졸업하고 앞으로 무엇을 해야 할지 방향이 그려지지 않아, 막연히 성공한 사람들에게 물어보자는 생각을 하게 된다. 그는 마이크로소프트의 빌 게이츠 회장, 스티븐 스필버그 영화감독, 마거릿 대처 전 영국 수상, 조지 부시 전 미국 대통령 등 유명 인사들에게 '21세기 젊은이를 위한 조언'을 구하는 편지를 보냈다. 답을 기대하지 않았지만 뜻밖에도 101명의 세계적인 리더들이 답장을 보내왔다. 직접 손 편지를 쓴 사람도 있었고, 비서를 통해 이메일을 보내온 사람도 있었다고 한다. 그는 '내가 손을 내밀면 냉정하게 뿌리치지만은 않는구나'라는 것을 깨달았고, 그 후 그의 삶은 완전히 달라져 자신의 성공 경험을 바탕으로 청소년들에게 꿈과 희망을 나누는 교육가와 멘토로 활동하고 있다. 도움이 필요한가? 그러면 먼저 손을 내밀어 도움을 구하라. 그러면 세상이 답할 것이다.

다섯째, 꿈이 이루어진 좋은 결과를 상상하라. 어떤 꿈이든 장애물이 있다. 어떤 난관이라도 이겨낼 수 있는 것은 바로 꿈을 이룬 결과에 대한 즐거운 상상이 있기 때문이다. 그 꿈을 위해 기꺼이 안락함과 즐거움을 포기할 수 있는가?

마지막으로 당신이 이룬 꿈을 누구와 함께 나눌 것인가를 생각하라. 꿈이 자기만족에만 머물지 않고 가족, 나아가 세상을 이롭게 하는지를 생각해 보라. 나의 꿈을 통해 이 세상이 조금이라도 더 행복해진다면 얼마나 좋겠는가?

나에게도 평생을 달려갈 꿈이 있다. 나의 꿈은 "세계 175개국에 흩어져 살고 있는 우리 한민족 700만 청년들에게 그들의 타고난 재능을 찾아주고, 그것을 바탕으로 그들이 세상을 더 멋지게 만드는 꿈을 꾸고, 그 꿈을 향해 자신의 재능을 마음껏 발현할 수 있도록 돕는 일, 즉 '글로벌 강점경영학교'를 만드는 것"이다. 한 사람의 꿈은 꿈으로 그치지만 만 명의 꿈은 현실이 된다고 한다. 우리 모두 함께 더 나은 '나'와 '세상'을 위해 큰 꿈을 꾸자.

KEY GUIDE 꿈

1. 꼭 이루고 싶은 버킷 리스트를 분야별로 작성해 보세요.

	취미	일	가족	관계	봉사
1					
2					
3					
4					
5					

2. 위의 버킷 리스트 중 올해에 이루고 싶은 것 하나를 골라, SMART 기법을 활용하여 구체적으로 어떻게 접근할 것인지 계획해 보세요.

목표	
S(Specific) 구체적으로	
M(Measurable) 측정 가능하게	
A(Action-oriented) 행동지향적으로	
R(Realistic) 결과 중심적이게	
T(Time-based) 달성 시기	

3. 당신의 계획을 도와줄 조력자 3명은 누구인가요? 그 3명에게 당신의 계획을 말해 보세요.

1)   2)   3)

1. 자기 인식

KEY QUESTION 꿈

1. 당신에게 딱 맞는 일은 무엇인가요?

우리들의 이야기

나는 말을 통해 사람의 마음에 다가가는 커뮤니케이터라고 생각한다. 내가 가진 능력은 사람에게 말로 위로를 주고, 공감하며, 유쾌한 분위기를 만드는 것이다. 상대가 나에게 원하는 대화 포지션을 찾고 그에 맞는 역할을 해주는 것이 내게 맞는 일이라고 생각한다. 뿐만 아니라, 사회에 관심을 가지고 이에 대해 지적인 교류를 하거나, 책을 읽고 토론하는 활동은 내가 '생각하는 사람'이라고 여기게 한다. 이때 나는 주로 사회를 보는 역할을 맡았는데, 이러한 활동 역시 나에게 잘 맞는 일인 것 같다. _서지영

모바일 서비스 관련 분야가 나에게 잘 맞을 것 같다. 평소 휴대폰에 관심이 많고 여러 종류의 새로운 어플을 사용해 보는 것을 즐긴다. 이러한 관심을 바탕으로 IT 관련 동아리에서 기획을 담당하고 있다. 단순한 관심에 그쳤던 것들을 직접 기획하고 만들고 디자인해 보면서, 모바일 서비스 관련 직무가 내게 잘 맞는 것 같다는 생각이 들었다. _최수진

2. 당신이 정말 따르고 싶은 사람은 누구이며, 그는 어떤 삶을 살았나요?

우리들의 이야기

고등학교 시절 글로벌 이슈 수업을 통해 세계적인 양극화 현상, 전쟁, 인권유린 등의 국제 문제에 관심을 갖게 되면서 'Peace and Development Group'이라는 동아리에 가입했다. 이곳에서 내 멘토인 Mr. Linehan 선생님을 알게 되었다. 선생님의 권유로 동아리 멤버들과 함께 지역사회 내의 인권유린 실태를 직접 조사했다. 이 과정에서 남미에서 파견되어 온 계절 근로자들이 캐나다에서 겪는 열악한 노동환경에 대해 알게 되면서 인권 존중 캠페인을 기획하고, 조원들과 함께 남미 노동자 한 분을 초대하여 인권유린 실태를 들어보기도 했다. 이후 선생님의 권유로 리트릿 리더 Retreat Leader로 활동하여 각자 다른 문화권에서 온 학생들의 문화를 이해하고 협동할 수 있도록 돕는 역할을 맡았다. 선생님은 내게 자신감을 키워 주셨고, 세상을 바라보는 시각을 넓혀 주셨다. 지금은 한국으로 돌아왔지만, 평생 잊을 수 없는 선생님이자 본받고 싶은 분이다. _**유주현**

3. 인생에서 경험하기를 바라는 것은 무엇인가요?

우리들의 이야기

외국에 나가서 공부해 보고 싶다는 생각을 종종 한다. 애초에 내가 더 알고 싶어 했던 대상은 '사람' 그 자체였다. 사람의 마음과 행동의 작동 원리에 호기심이 있었고, 이를 가장 잘 설명하는 학문이 심리학이라고 생각했다. 그중에서도 처음 관심사는 정서와 문화였다. 정서가 태도 형성에 미치는 영향이나 개인차의 측정 등. 그런데 이 두 주제는 모두 우리나라에서 깊이 있게, 오랫동안 공부하기가 어려운 분야다. 연구하는 사람이 많지 않기도 하고, 문화심리학 분야는 애초에 연구 대상이 한국에 한정될 수 없으니까 말이다. 지금 산업 및 조직 심리학과 인재 개발 쪽으로 진로를 계획 중이라 처음에 관심을 가졌던 순수 심리학과는 멀어졌다. 하지만 내가 처음에 가지고 있던 질문들에 대한 답을 찾았기 때문에 관심사가 옮겨 간 것은 아니다. 다만 그것들이 현실에서 직업과 연결되기 어렵기 때문에 더 이상 공부하기 힘들다고 판단했다. 그렇지만 여전히 그 분야에 흥미가 있고 궁금하기도 해서 외국에서 공부를 해보고 싶다는 바람이 있다. _이은영

나로 인하여 누군가의 인생이 바뀌었으면 좋겠다. 고등학교에 들어가 처음 만난 담임선생님은 학창 시절 내게 가장 큰 영향을 주셨다. 선생님은 학교에 그리고 학생들에게 애정이 참 많으신 분이었다. '알파 걸'이란 제도를 만드셔서, 학생들이 자신의 꿈과 목표에 다가갈 수 있도록 큰 노력을 하셨다. 그리고 나는 알파 걸 1기 학생이었다. 학원, 과외 한번 없이 3년 동안 야간자율학습을 했고, 열심히 노력하여 내 꿈에 맞는 결과물을 만들어 갔다. 이 모든 것은 나를 믿어 주는 선생님이 계셨기에 가능했다. 선생님은 항상 애정 어린 눈길로 바라보시며 아낌없이 조언해 주셨다. 일일이 다 적을 수는 없지만 선생님은 내가 가장 힘든 순간에 함께해 주셨다. 그 마음에 보답하고 싶어 3년 동안 정말 최선을 다해 학교생활을 했던 기억이 난다. 나는 선생님과 같은 여성 리더가 되고 싶다. 누군가의 얘기를 들어줄 수 있는 사람, 아픔을 치유해 줄 수 있는 사람, 기쁨을 함께 나눌 수 있는 사람이 되고 싶다. _조유진

4. 더 큰 꿈을 가지세요. 만일 당신의 최대 능력을 이용한다면 어떤 꿈을 가지겠습니까?

우리들의 이야기

국제기구에서 일하고 싶다. 나는 NGO에서 일하는 것이 참 즐겁다. 서로 도우며 살 수 있게 해주고, 누군가의 눈물을 닦아 주는 좋은 일을 하기 때문이다. 능력만 된다면 대한민국을 넘어 다양한 나라 사람들의 이야기를 들으며 세계의 아픔과 고민에 동참하고 싶다. _최윤정

탐스TOMS처럼 사회적 기업을 세우고 유니세프에 많이 후원하는 기업의 CEO가 되고 싶다. 요즘 같은 세상에도 누군가는 전염병에 걸리고 영양실조에 시달린다. 각종 내전에다 수많은 사건·사고들이 지구촌 곳곳에서 벌어지고 있다. 나는 사업가가 되어 그런 사람들에게 직접 후원해 주고 싶다. NGO에서 3개월간 후원 요청하는 일을 한 적이 있는데, 누군가의 돈을 후원받아 구호하는 일은 시간도 오래 걸리고 어렵다는 것을 알게 되었다. 그래서 나는 도움이 필요한 곳에 직접 후원해 줄 수 있는 기업가가 되고 싶다. _김하영

| REFLECTION QUESTION 꿈 |

1. **자신에게 만족하는 부분은 무엇인가요?**
   - 어떤 부분에서 자신을 자랑스럽게 생각하나요?

2. **즐거움을 위해 하고 싶은 일은 무엇인가요?**
   - 어떤 활동이 당신에게 기쁨을 주나요?

3. **살면서 여행하고 싶은 곳은 어디인가요?**
   - 그곳에서 어떤 경험을 하고 싶나요?

4. **당신이 꿈꾸는 것을 막는 것은 무엇인가요?**
   - 어떤 요소들이 당신의 꿈을 제한하고 있나요?

5. **최적의 조건에서 꿈을 꾼다면, 그 꿈은 어떻게 바뀌겠습니까?**
   - 더 좋은 환경이 주어진다면 어떤 꿈을 꾸고 싶나요?

6. 무제한의 자원을 가지고 새롭게 시작할 수 있는 일은 무엇인가요?
   - 어떤 프로젝트나 계획을 시작하고 싶나요?

7. 걱정 없이 꿈꾸는 것이 허락된다면, 어떤 꿈을 꾸고 싶나요?
   - 자유롭게 상상하는 꿈은 무엇인가요?

8. 꿈에 가까이 다가가려면 매일 무엇을 해야 할까요?
   - 목표를 이루기 위해 어떤 일들을 꾸준히 해야 할까요?

9. 꿈을 이루기 위해 포기해야 할 것은 무엇인가요?
   - 어떤 습관이나 활동을 내려놓아야 하나요?

10. 80세가 되었을 때, 시도하지 않아서 가장 크게 후회될 것 같은 꿈은 무엇일까요?
    - 지금 도전하지 않으면 후회할 꿈은 무엇인가요?

가장 소중한 것

세상에서 가장 아름답고 소중한 것은
보이거나 만져지지 않는다.
단지 가슴으로만 느낄 수 있다. - 헬렌 켈러

학생들에게 물었다. "당신에게 가장 소중한 것은 무엇인가?" 생명, 가족, 꿈, 건강 등 아주 다양한 답이 나왔다. 다행히 '돈'은 없었다. 20대들이 가장 많이 선택한 답은 '나'였다. 그 누구도 아닌 자기 자신이 가장 중요하다는 것이다. 같은 질문을 부모 세대인 40-50대에게 한다면 어떤 답을 할까? 바로 '가족'이다. 세대 차이라고 말해야 할까? 자녀가 있고 부양할 가족이 있기에 자신보다 가족이 더 소중하다고 생각하는 것이다. 사람과 세대에 따라 소중한 것을 다르게 느끼는 것 같다. 나는 가장 소중한 것을 '나'라고 생각한다. 내가 존재함으로써 가족이 있고 또 세상이 있기 때문일 것이다. 그러면 그런 '나'를 존재하게 하는 것은 무엇일까?

지난 수업을 통해 '나는 누구인가?'라는 정체성의 발견에서 나만의 보물인 자신의 강점을 발견했다. 이것을 바탕으로 어떻게 소중한 나를 지키고 더 아름답게 만들어 갈 것인지를 함께 생각해 보자.

가장 소중한 '나'를 만들어 가는 길을 밝혀 줄 3가지 질문이 있다. 그

첫째 질문은 존재 이유(why)다. 한마디로 '당신은 왜 사는가?'이다. 우리가 세상에 온 이유는 무엇일까? 그냥 부모님이 낳았기 때문에 사는 것일까? 단순히 먹고 살기 위해 사는 것은 아니다. 우리는 모두 존재의 이유가 있다. 그러면 도대체 어떤 목적과 의미가 있는 것일까? 내가 있음으로 가족이, 그리고 조직이 좋아지는 것은 무엇일까? 그 속에서 내 역할은 무엇일까? 또 나의 책임은 무엇일까?

한순간에 답을 찾지 못할 수도 있다. 이 질문은 사실 평생 가슴에 품고 계속 자신에게 물어야 할 끝없는 질문이다. 이러한 존재 이유를 삶의 목적, 즉 '사명'이라고도 한다. 테레사 수녀는 "병든 자, 죽어가는 자, 헐벗은 자, 집 없는 자들을 보살피는 것, 즉 가난한 자들에게 신의 사랑이 미치게 하는 것"이라는 인생의 사명문을 가슴에 품고 19세에 고향 유고슬라비아를 떠나 인도 캘커타의 빈민가에서 종신토록 죽어 가는 사람들을 돕는 일을 실천했다. 이런 그녀를 사람들은 "가난한 사람들의 어머니"라고 불렀으며, 노벨 평화상을 수여하기도 했다. 당신도 할 수 있다. 지금 당장 인생 사명문을 써 보라. 바로 그 순간부터 세상은 당신의 존재 이유에 대해 반응하기 시작할 것이다.

둘째, '어떻게(how) 살아야 하는가?'이다. 당신은 인생 사명문을 통해 삶의 이유, 즉 목적을 찾게 되었다. 인생 사명문은 폭풍우 치는 어두운 밤바다를 항해하는 배들을 비추는 등대처럼 당신의 인생에 한 줄기 밝은 빛이 되어 길을 비춰 줄 것이다. 그런데 등대로 인해 방향을 찾더라도 배를 움직이는 선장이 없어서는 안 되듯, 인생길을 걸어가는 것은 결국 당신 자신의 몫이다. 사명을 이루기 위한 행동 지침, 즉 지배가치가 있어야 한다.

가치의 사전적 의미는 "무엇이 근본적으로 중요하고 올바른 것인지를 규정하는 신념 혹은 원칙"이라고 한다. 이러한 가치는 어떤 일을 할 때 가장 중요한 의사결정의 기준이 되고, 마지막 순간까지 흔들리지 않는 삶의 지침이자 개인의 헌법이 된다. 사람에 따라 추구하는 가치는 정직, 책임, 신뢰, 자유, 평화, 사랑 등 모두 다르다. 톨스토이의 소설 「사람은 무엇으로 사는가」에는 신에게 벌을 받고 쫓겨난 천사 미하일이 등장한다. 그는 '사람의 마음속에는 무엇이 있는가?', '사람에게 주어지지 않은 것은 무엇인가?', '사람은 무엇으로 사는가?'라는 3가지 질문에 대한 답을 찾을 때까지 인간 세계에서 살아야 했다. 인간 세계로 내려와 알몸으로 차가운 길바닥에서 웅크리고 있던 미하일을 구두공 시몬과 그의 아내 마트료나가 극진히 대접하는 것을 체험하면서, 첫 번째 질문의 답으로 '사람의 마음속에는 하나님의 사랑이 있다'는 것을 깨달았다. 또 부자가 1년을 신어도 끄떡없는 구두를 주문했지만 미하일은 그가 곧 죽을 것을 알았기에 구두 대신 슬리퍼를 만들었는데 정작 구두공 시몬은 영문을 몰라 하는 것을 보고 두 번째 질문의 답인 '사람에게는 미래를 알 수 있는 능력이 주어지지 않았다'는 것을 알게 된다. 또 엄마를 잃은 아이들을 사랑으로 키우는 어느 부인을 보고 세 번째 질문의 답인 '사람은 사랑으로 산다'는 사실을 깨닫게 되어 드디어 세 가지 질문에 대한 답을 찾고 하늘로 돌아간다는 내용이다. 당신은 무엇으로 살아가는가? 삶의 마지막 순간까지 포기할 수 없는 가치는 무엇인가?

가치를 발견한 사람은 삶의 우선순위를 생각하고 살아가게 된다. 당장 처리해야 할 급한 일만 좇을 것인가? 아니면 급하지는 않지만 중요한 일을 할 것인가? 물론 두 일을 모두 다 해야 한다. 그런데 가치를 깨달은 사람은 급하지는 않지만 중요한 일에 더 관심을 두고, 삶의 의미와 중요한 가치가 무엇인지를 분별하기 시작한다는 것이다. 즉 열심히 일만 하는 것이 아니라 지혜롭게 사는 방법을 깨닫게 되는 것이다.

셋째, '어디로(where) 가는가?'이다. 존재 이유와 행동의 원칙을 정했다면 이제 중요한 것은 어디로 가는가에 대한 목적지를 설정하는 것이다. 그 목적지는 당장에라도 갈 수 있는 가까운 곳에 있는 곳이 아니라 미래에 도달하고 싶은 목표, 즉 꿈꿀 수 있는 청사진을 말하는 것이다. 당장 손에 잡히지는 않지만 눈을 감아도 생생하게 보이는 것, 잠을 자면서도 꿈꾸게 하는 바로 그 멋진 곳이며, 지금의 상태에 머무르지 않고 보다 더 성장하고 발전된 상태로 나아가게 하는 것이 바로 미래의 청사진이다.

1961년 케네디 대통령은 소련의 스푸트니크 인공위성 발사에 놀란 미국 국민들에게 "10년 내에 미국인을 달에 보내겠다"라는 새로운 청사진을 제시했고, 온 국민은 달의 정복을 꿈꾸었다. 그 꿈은 마침내 1969년 아폴로 11호 우주선과 닐 암스트롱에 의해 이루어졌다. 이제 케네디의 꿈은 스페이스X 사의 최고경영자 일론 머스크에게 이어졌고 그는 화성에 식민지를 건설하겠다는 대담한 청사진을 제시하고 있다. 마틴 루터킹 목사는 1963년 미국 흑인 해방 100주년 기념행사 연설을 통해 "저에게는 꿈이 있습니다(I have a dream). 저의 네 자식들이 피부색이 아니라 인격에 따라 평가받는 나라에서 살게 되는 날이 언젠가 오리라는 꿈입니다"라고 미국의 미래 청사진을 제시했다. 그의 꿈은 36년이 지나 2009년 미국 최초의 흑인 대통령으로 선출된 버락 오바마에 의해 이루어진다.

우리나라에서 20년 연속 가장 존경받는 기업으로 선정된 회사는 '안티푸라민'으로 유명한 제약회사 '유한양행'이다. 이 회사의 창업주 유일한은 9세에 미국으로 유학을 떠나 고학으로 대학-석사-박사과정을 마치는 동안에도 나라의 독립운동을 위해 헌신했다. 32세에 귀국해서 질병으로 고통받는 국민을 위해 유한양행을 설립했고, 우리나라 최초로 종업원지주제, 전문인 경영 제도를 도입했다. 은퇴할 때는 모든 재산을 국가와 사회에 기부했다. 그런 그가 기업을 경영할 때 가장 중요하게 여겼던 것은 "정직, 신의, 성실의 청렴Integrity을 기반으로 뜨거운 열정과 불굴의 의지로 목표를 반드시 달성하기 위해 발전Progress하며, 급변하는 환경 속에서도 창의적인 사고와 능동적인 활동으로 효율Efficiency적으로 업무에 임한다"는 비전이었다. 바른 생각과 마음 그리고 정직한 행동으로 국가와 사회에 선한 영향력을 미쳤던 것이다.

당신은 어떤 미래를 꿈꾸는가? 가장 소중한 나를 만들어 가는 3가지 질문인 '나는 왜 사는가?', '나는 어떻게 살 것인가?', '나는 어디로 가는가?'에 대한 답을 찾아보라. 당신의 더 멋진 꿈이 이루어지기 시작할 것이다. 그 시작은 바로 당신의 강점을 기반으로 한 인생 사명문의 작성과 가치의 발견 그리고 미래의 청사진을 그리는 것, 즉 가슴 뛰는 비전을 품는 것이다. 지금 당장 종이와 펜을 준비하라. 그리고 생각이 가는 대로 써 보라.

평생 앞을 보지 못했던 헬렌 켈러는 "세상에서 가장 아름답고 소중한 것은 보이거나 만져지지 않는다. 단지 가슴으로만 느낄 수 있다"라고 말했다. 지금 당신의 가슴에 뜨겁게 느껴지는 것은 무엇인가? 바로 그것을 잡아라.

KEY GUIDE 가장 소중한 것

1. 당신의 존재 이유는 무엇인가요?

   1)

   2)

   3)

2. 사명을 이루기 위한 당신의 지배가치 3가지는 무엇인가요?

   1)

   2)

   3)

3. 당신은 이제, 여기서 어디로 가고 싶나요? 미래에 도달하고 싶은 곳을 적어 보세요.

NOW	
WHERE	
ARRIVE	

4. 당신의 사명 선언문을 작성해 보세요.

> KEY QUESTION 가장 소중한 것

1. 당신이 한 것 중에서 가장 만족스러운 것은 무엇이었나요? 무엇이 그렇게 행동하게 만들었나요?

우리들의 이야기

고등학교 2학년 때, 교지 편집장을 맡았다. 무겁고 재미없다는 이유로 쓰레기통에 버려진 교지를 보고, 기존의 편집 방식에 혁신이 필요하다고 생각했다. 학생들에게 교지가 어떻게 달라졌으면 좋겠냐고 의견을 물었다. 의견을 반영하여, 학생들이 참여한 교내 행사를 중점으로 구성한 얇은 컬러 잡지를 만들기로 했다. 이 과정에서 '결과가 좋지 않을 때 책임질 수 있겠냐'고 걱정하는 사람도 있었다. 하지만 나는 확신이 있었다. 어쩌면 이때 내 안의 강점인 '한번 해보자'라는 승부가 작용했을지도 모르겠다. 전 페이지를 컬러로 인쇄했음에도 기존에 비해 장수가 현저히 줄어들어 비용이 절감되었고 이를 학교 측에서는 매우 좋아했다. 그리고 무엇보다 학생들의 글짓기 대회 수상작들과 그들이 참여한 교내 각종 행사 사진을 바탕으로 만들었기 때문에 학생들은 더 이상 교지를 버리지 않았다. _조유진

대학에 다니며 몇 가지 아르바이트를 해보았는데 그중 가장 기억에 남는 것은 학교 입학팀에서 일을 한 것이다. 주 업무는 안내데스크에서 입학팀으로 오는 문의 사항에 답하고 학생, 학부모, 교사분들께 입학 관련 안내를 하는 것이었다. 처음에는 응대 업무를 해본 적이 없어 당황스러울 때도 많았다. 그런데 하나하나 배우고 노하우를 터득하게 되면서 좋은 서비스를 제공해 드릴 수 있었다. 특히 입학 상담 업무의 경우에는 내 입시 경험을 바탕으로 지원자와 학부모님들의 생각과 마음을 이해할 수 있었다. 개개인에 맞는 전형을 설명하고 추천하자, 큰 도움이 되었다고 감사를 표시하신 분들이 많았다. 아마 내가 그저 시간을 때우거나 돈만 벌려는 생각으로 있었다면, 그곳에서 겪었던 힘든 일들을 결코 감당하지 못했을 것이다. 하지만 학교에서 일하는 만큼 소속감을 가지고 주인의식을 발휘하였기에 일도 능숙해지고 학교 이미지도 더 높일 수 있었다. _이하경

2. 당신이 인생을 바쳐 세상을 변화시킬 수 있다면, 그 한 가지는 어떤 것일까요?

우리들의 이야기

'슬픔'이 없는 세상을 만들고 싶다. 여기서 내가 말하는 슬픔은 일상생활에서 겪는 슬픈 감정을 말하는 것이 아니다. 지금 우리가 사는 세상은 서로 '다른' 환경으로 인해 슬픔과 아픔을 겪는 일이 종종 일어난다. 나는 오늘도 따뜻한 밥을 먹으며 질 좋은 교육을 받으며 환경이 좋은 직장에서 일하며 행복한 하루를 보냈지만, 지구 반대편에서는 전쟁의 공포와 이념의 차이로 인한 폭력 등등 가슴 아픈 일들이 많이 일어난다. 그래서 내 인생을 바쳐 세상을 변화시킬 수 있다면 사람의 힘으로는 풀 수 없을 것만 같은 세상의 문제로 인한 슬픔을 없애고 싶다. **_최윤정**

날카로운 지성과 따뜻한 마음을 가진 리더로 성장하겠다. 많은 여성이 사회의 주체가 될 수 있도록 끌어 주고 싶다. 회사에서 겪어야 하는 성희롱, 여성 운동선수들이 겪는 코치의 성폭력, 가부장제로 인해 고통받는 대한민국 주부들을 보면서 더 이상 참지 말고 자신만의 목소리를 내라고 말하고 싶다. 또한 사회에서 소외된 자들에게도 관심을 갖고 싶다. 학부 강의 중 김응교 교수님의 '글쓰기와 읽기' 수업을 들었다. 교수님은 사비로 노숙자, 매춘 여성들에게 글을 쓰는 것을 가르치는 봉사 활동을 하고 계셨다. 그분들의 눈동자에는 빛이 없다고 했다. 그러나 자신의 이야기를 시, 글로 풀어가면서 점차 자신의 영혼을 조금씩 찾아가고 있다고 했다. 그중에는 시인이 된 사람도 있다. 그 이야기를 듣고, 나 역시 누군가의 삶에 한 줄기의 빛이 되고 싶다는 생각을 했다. '나를 빛내고, 그 빛을 다른 사람에게.' 이것이 나의 첫 번째 비전 플래닝이다. **_조유진**

3. 다른 사람들에게 어떻게 기억되길 원하나요?

우리들의 이야기

누군가 나의 삶이나 나에 대해 평가할 일이 있다면 '1인분의 역할을 다한 사람'이라고 말해 주었으면 좋겠다. 1인분의 역할이라는 표현은 리영희 선생의 평전에서 읽은 것이다. 이 표현이 내 삶 안으로 성큼 걸어 들어왔다. 1인분의 역할은 공동체의 일원으로서 세상을 약간이라도 더 나은 곳으로 만드는 데 기여하는 것이다. 이를 위해 어떤 역할을 할 수 있을까 고민해 보니 구체적으로 세 가지 정도로 추려볼 수 있었다. 우선은 학문적인 기여다. 심리학 전공자로서 여태까지 풀리지 않았던 인류의 질문들에 답할 수 있지 않을까. 또 다른 것은 실용적 측면에서, 심리학 전공지식으로 현실의 문제를 해결하는 데 도움이 될 수 있지 않을까 기대한다. 가령 산업 및 조직 장면에서 심리학적 지식을 활용해 선발, 채용, 배치, 인적자원 관리 전반에 기여할 수 있을 것 같다. 그리고 느낌은 다를 수 있겠지만, 가까운 사람들에게 따뜻한 사람으로 기억되고 싶다는 바람이 있다. 사랑하는 사람들에게 정서적 지지를 보내고 버팀목이 되어 주는 것 역시 나의 역할이라고 생각한다. _이은영

나는 바다와 같은 사람이 되고 싶다. 바다는 멀리서 보면 매우 잔잔하지만 가까이에서 보면 역동적으로 움직이며 그 안에 수많은 생명을 지니고 있다. 또한 이 지구의 60%를 덮고 있다. 이러한 모습을 닮고 싶다. 젊은 시절에는 역동적으로 많은 도전을 하고, 삶을 정리하는 시점에 가서는 조용히 삶을 정리하고 싶다. 또한 각박한 이 세상에서 많은 사람을 품고 그들에게 꼭 필요한 존재가 되고 싶다. 마지막으로 지구의 대다수를 차지하는 바다처럼 많은 사람들에게 내 이름이 계속해서 기억되었으면 좋겠기에, 바다와 같은 다양한 매력을 지녔던 사람으로 기억되고 싶다. _조해리

4. 10년 후 이상적인 삶을 살고 있는 당신의 모습을 글로 표현해 보세요. 어떤 모습인가요?

우리들의 이야기

흔히들 공무원이라고 하면 '국민의 공복'이란 말로 정의 내리곤 한다. 국가와 국민을 위해 봉사하며 사익만이 아닌 공익을 위해 일하면서 그 속에서 보람을 찾고 성장해 가기 위해서는 내가 아닌 상대방 입장에서 먼저 생각하고, 귀 기울여 들어줄 수 있는 진정한 배려를 실천해야 한다고 생각한다. 훗날 나도 세무서 자원봉사팀에서 즐거운 마음으로 '섬김과 나눔'의 행복에 동참하는 따뜻한 공무원이 되고 싶다. 또한 후배들에게 존경받고 상사로부터 인정받으며 동료들에게는 격려와 칭찬을 받는, 누구나 함께 일하고 싶은 사람이 되고 싶다. 신규직원들이 '저분처럼 살고 싶다'라고 자신의 롤모델로 삼을 수 있도록, 나 자신이 먼저 솔선수범하여 상대방을 배려하는 '섬김리더십'을 몸소 실천해 가며, 늘 겸손하게 배우는 자세로 맡은 바에 최선을 다할 것이다. _박성실

10년 후의 나는 한 분야의 전문가로서 경력을 쌓아 가면서 직업적 성취를 이루고 있을 것이다. 그 때는 그동안의 경험을 바탕으로 장기적이고 창의적인 안목을 가지게 될 것이며, 조직의 목표와 비전을 제시하고 발전 가능성을 제시하는 사람이 되어 있을 것이다. 또한 맡은 일에 대해서는 구성원으로서 주어진 일만 하는 것이 아니라 그것을 주도적으로 이끌고 계획과 완성을 지휘할 것이다. 누구나 할 수 있는 일을 하는 것이 아닌, 누구로도 대체될 수 없는 사람이 되어 핵심적이고 필수적인 인재로서 활동하고 있을 것이다. 더불어 내가 가진 지식과 기술이 유용하게 쓰일 수 있는 나라나 지역에 가서 학습의 전이가 일어날 수 있도록 돕고, 다른 사람들의 발전에 영향을 미치는 사람이 되고 싶다. _이하경

| REFLECTION QUESTION 가장 소중한 것 |

1. 삶에서 당신이 가장 사랑하는 것은 무엇인가요?
   - 그것이 왜 당신에게 특별한지 생각해 보세요.

2. 특히 아끼는 사진이 있다면 어떤 사진인가요?
   - 그 사진을 특별히 아끼는 이유는 무엇인가요?

3. 인생에서 가장 소중한 5가지는 무엇인가요?
   - 10년 후, 그것들이 어떻게 변해 있을지 상상해 보세요.

4. 당신에게 가장 소중한 사람은 누구인가요?
   - 그 사람이 없다면 당신의 삶은 어떻게 바뀔까요?

5. 당신 자신보다 더 마음이 끌리는 것은 무엇인가요?
   - 왜 그것에 마음이 끌리는지 이유를 생각해 보세요.

6. 당신이 소중하게 여기는 가치는 무엇인가요?
   - 그 가치에 강렬한 느낌을 갖는 이유는 무엇인가요?

7. 10년 후 이상적인 삶을 살고 있는 당신의 모습을 글로 표현해 보세요.
   - 그 모습은 어떤 것인가요?

8. 10년 후 당신은 어떤 인간관계를 맺기 원하나요?
   - 당신의 직장동료, 친구, 공동체는 어떨 것 같나요?

9. 당신이 가장 중요한 결정을 내릴 때, 그 바탕에 깔려 있는 판단기준은 무엇인가요?
   - 그 판단기준이 당신에게 왜 중요한가요?

10. 노년에 인생을 되돌아보며 '정말 잘한 선택이었어'라고 말할 수 있는 단 한 가지는 무엇인가요?
    - 그 선택이 왜 그렇게 중요한지 생각해 보세요.

2부

나는 어디에 있는가

2. 자기 관리

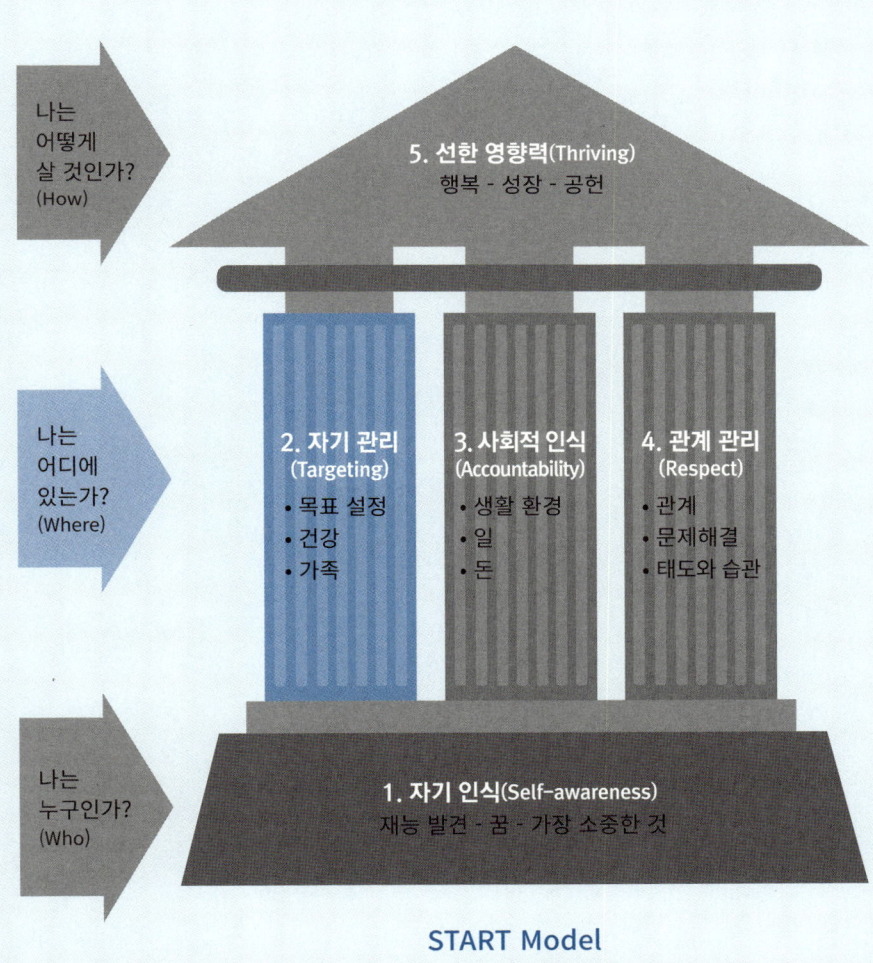

목표 설정

당신이 어디에서 어떤 일을 하든
그 일에는 목적이 있고 의미가 있다.

"앞으로 어떤 사람이 되고 싶어?" "무슨 일을 하고 싶어?" "어느 직장에 들어가고 싶어?" 우리는 매일 해야 할 일과 달성해야 할 목표에 둘러싸여 살아간다. 목표라는 단어는 일상에서 너무나 흔하게 사용되기에 그 중요성을 새삼스럽게 언급하는 것이 다소 진부하게 느껴질 수도 있다. 하지만 과연 모든 사람이 자신이 진정으로 원하는 방향과 목적에 부합하는 목표를 가지고 있을까?

목표의 중요성을 강조할 때 자주 인용되는 사례가 있다. 1979년 하버드 경영대학원 졸업생들을 대상으로 진행한 설문조사 결과에 따르면, "정확한 장래 목표를 설정하고 기록한 후, 그 목표를 달성하기 위한 구체적인 계획을 세웠는가?"라는 질문에 단 3%의 학생만이 목표를 기록하고 구체적인 계획까지 수립했다고 답했다. 13%의 학생은 목표는 가지고 있지만 기록하지는 않았다고 답했으며, 나머지 84%는 뚜렷한 목표가 없었다. 10년 후, 이 졸업생들을 대상으로 다시 조사를 실시한 결과는 놀라웠다. 목표를 기록하고 구체적인 계획을 세웠던 3%의 학생들은 나머지 97%의

학생들보다 평균적으로 10배나 높은 연봉을 받고 있었다.

당신은 구체적으로 작성한 목표와 실행계획을 가지고 있는가? 만약 그렇다면 당신은 이미 원하는 곳에 가까워지고 있는 것이다. 그렇지 않다면 지금부터 나와 함께 구체적인 목표를 설정해 보자.

이 장에서는 5가지 단계를 통해 목표를 설정하는 연습을 해보려 한다. 먼저 목표가 무엇이며, 왜 목표가 필요한지 생각해 보자. 목표目標를 한자로 풀어보면, 목目은 '눈,' 즉 '보는 것'을 의미하고, 표標는 어떤 표식, 즉 상징을 의미한다. 다시 말해, 목표는 눈에 보이는 어떤 표지, 즉 실질적인 대상을 의미한다. 등산을 예로 들자면, 저 멀리 보이는 정상이 바로 목표가 되는 것이다.

그렇다면 우리는 어떤 목표를 가져야 하며, 그 목표를 실행하기 위한 계획은 어떻게 수립해야 할까? 목표는 필요 없다고 생각하는가? 혹은 무엇을 목표로 삼아야 할지 전혀 감이 잡히지 않는가? 걱정하지 마라. 지금부터 함께 목표를 세워 보자.

1단계: 지난 1년 돌아보기

첫째 단계는 지난 1년을 되돌아보는 것이다. 지난 한 해 동안 수많은 일들이 있었을 것이다. 그중에서 작년에 가장 기뻤던 일은 무엇인가? 성공적으로 마무리했던 일은 무엇인가? 자신을 둘러싼 다양한 환경, 즉 가족, 일, 취미, 건강, 경제, 대인 관계, 봉사 활동 등을 고려하며 지난 시간을 되짚어 보자.

좋은 기억들이 많이 떠오른다면 다행이다. 하지만 아무것도 떠오르지 않는다고 해서 실망할 필요는 없다. 단 한 가지라도 가장 즐거웠던 일을 떠올려 보자. 그때는 언제였는지, 무엇을 했는지, 그 일을 통해 무엇을 얻었는지, 그 일을 마친 후 어떤 기분이 들었는지 자세히 회상해 보자.

누구에게나 좋았던 기억이 적어도 하나쯤은 있다. 남들이 인정하는 거대한 업적이 아니어도 괜찮다. 당신을 진정으로 기쁘게 했던 일이면 충분하다. 바로 그 한 가지 일에 집중해 보자.

2단계: 성공 경험에서 교훈 발견하기

이제 그 일을 가지고 다음 단계로 나아가자. 그 일을 통해 당신은 무엇을 배웠는가? 어떤 긍정적인 기억이 남았는가? 그 일을 성공적으로 해낼 수 있었던 이유는 무엇인가? 만약 같은 일을 다시 한다면 어떤 결과가 있겠는가?

모든 좋은 결과에는 반드시 이유가 있다. 우연이나 운이 좋아서라고 쉽게 단정 짓지 마라. 그 안에는 당신도 미처 깨닫지 못한 어떤 힘이 숨겨져 있을 것이다. 그것은 과연 무엇일까? 만약 그 힘을 제대로 알고 이해한다면, 다음에 다른 상황에서도 그 힘을 활용할 수 있지 않을까?

둘째 단계는 당신이 이뤄낸 성과를 통해 얻은 교훈을 발견하는 것이다. 무엇이 당신을 성공으로 이끌었는지, 어떻게 해서 그 일을 잘 해낼 수 있었는지를 분석하는 과정이다. 이 과정을 통해 또 다른 목표를 달성할 수 있는 성공의 열쇠를 발견하게 될 것이다.

사실 그 성공의 열쇠는 바로 당신 내면에 숨겨진 '강점'이다. 어떤 일을 자연스럽게 생각하고 느끼며 행동하게 하는 반복적인 패턴, 즉 당신의 강점이 그 일을 성공으로 이끌었을 가능성이 크다. 이 사실을 깨닫고 당신의 성공 열쇠로 받아들이기 바란다. 성공한 사람들에게 성공 비결을 물으면 대부분 "그냥 열심히 했어요"라고 답한다. 그렇다면 그 '열심'이라는 것은 대체 무엇일까? 어떻게 하면 '열심'을 낼 수 있을까? '열심熱心'은 말 그대로 뜨거운 마음이다. 어떤 일을 할 때 마음속에서 뜨거운 열정이 솟아오르는 상태를 의미한다. 당신은 어떤 일을 할 때 마음속에 불이 붙는 듯한 열정을 느끼는가? 바로 그것이 당신의 강점과 연결되어 있을 가능성이 높다. 자신이 잘하는 일을 하고, 그 일을 더 잘하려고 노력할 때 우리는 온몸으로 뜨거운 열정을 느낀다. 바로 그 '열심'을 움직이는 힘이 당신의 강점인 것이다.

성공을 만들어 낸 구체적인 힘이 무엇이었으며, 어떻게 작용했는지를 깨닫는 것은 당신의 인생 목표를 달성하는 데 매우 중요한 단계가 될 것이다. 이제 그 깨달음을 바탕으로 앞으로 어떻게 자신의 강점을 활용할지 방향을 설정해 보자.

3단계: 인생의 가치 탐색하기

자신의 강점을 바탕으로 어떻게 살아갈지, 즉 자신의 인생 방향을 설정하는 것이다. 강점은 모든 사람이 가지고 있으며, 그 형태는 사람마다 다르다. 마찬가지로 어떻게 살아갈지에 대한 인생의 가치관 또한 사람마다 다르다.

셋째 단계는 당신이 추구하는 가치, 즉 인생의 방향을 찾는 것이다. 가치價値는 "인간 행동에 영향을 미치는 바람직한 것, 또는 인간의 지적, 감정적, 의지적인 욕구를 충족시킬 수 있는 대상이나 그 대상의 성질"을 의미한다.

"당신의 가치는 무엇인가?" "다른 사람들에게 어떤 영향을 미치고 싶은가?" "어떤 가치를 추구할 때 진정으로 살아 있음을 느끼는가?" 가치는 당신의 생각, 마음, 행동을 가장 잘 나타내는 상징이다. 정직, 책임, 사랑, 믿음, 끈기, 감사 등 그 형태는 사람마다 모두 다르다.

자신의 강점을 바탕으로 원하는 이상적인 삶을 살아가기 위해 무엇을 추구해야 하는지를 찾는 것이 바로 가치 탐색이다. 존재 가치를 명확히 하지 못한 사람은 지도와 나침반 없이 항해를 시작한 사람과 같다. 지금 당장 자신만의 지도와 나침반을 찾아야 한다. 가치를 찾는 방법은 다양하지만, '가치 카드' 활용을 추천한다. 여러 장의 가치 카드 중에서 먼저 당신이 추구하는 10개의 카드를 고르라. 그다음 5개를 제외하라. 남은 5개 중에서 단 하나만을 선택해야 한다면 무엇을 고를 것인가? 이렇게 최종적으로 선택한 단 한 장의 카드가 바로 당신의 분신이자 인생 여정을 함께할 지도와 나침반이 될 것이다. 모든 것을 잃더라도 마지막까지 지켜야 할 또 다른 '나'가 바로 가치인 것이다.

이제 당신의 가치를 세상에 선포해 보자.

나 (이름)는 (가치1), (가치2), (가치3)을 실천하는 사람입니다.
나는 내 안에 (가치1)이 있다는 것에 감사합니다.
나는 내 안에 (가치2)가 깊어지고, 계속 성장해 가는 것이 기쁩니다.
또한 이 (가치3)으로 세상에 좋은 영향력을 미치기를 진심으로 소망합니다.

말에는 힘이 있다. 당신의 선포는 세상에 메아리쳐 당신의 영향력으로 빛날 것이다.

4단계: 목표 설정하기 – SMART하게 계획하기

넷째 단계는 목표 설정이다. 바로 이 단계를 위해 우리는 성공을 통한 강점의 재발견과 교훈, 존재가치 설정 그리고 역할 탐색의 과정을 거쳤다. 이제 당신이 누구인지, 무엇을 잘하는지, 어디에서 어떤 일을 하고 싶은지 방향이 잡혔는가?

목표 설정을 아주 똑똑하게^{SMART} 하는 방법이 있다. 바로 'SMART'라는 글자의 첫머리를 따서, 구체적^{Specific}이어야 하고, 측정이 가능^{Measurable}해야 하며, 달성^{Achievable}할 수 있어야 하고, 현실적^{Realistic}이어야 하며, 정해진 시한$^{Time\ limited}$이 있어야 한다. 예를 들어 체중을 줄이려는 목표를 세운다면, "일주일에 4일씩 운동하고 6월까지 7킬로그램을 감량한다"와 같은 SMART한 계획이 필요한 것이다.

먼저, 당신이 1년 안에 이루고 싶은 목표를 생각나는 대로 최대한 많이 포스트잇에 적어 보라. 그리고 당신이 가장 이루고 싶은 것을 중요한 순서대로 10가지만 선택하라. 그리고 깨끗한 종이에 그 목표들을 정리하여 가장 눈에 잘 띄는 곳에 붙이고 또 사진도 찍어 보라.

이렇게 당신은 이루고 싶은 10가지 목표를 수립했다. 이제 당신은 목표와 계획까지 구체적으로 기록한 3%의 하버드 경영대학원 졸업생과 같은 탁월한 사람이 되었다. 여기까지 수고한 당신에게 박수를 보낸다. 그런데 이것으로 끝난 게 아니다. 더 중요한 단계가 남아 있다.

5단계: 실천 시스템 구축하기 – 꾸준한 실행력 더하기

다섯째 단계는 실천 시스템을 구축하는 것이다. 새해가 되면 사람들은 신년 목표를 세운다. 그런데 작심삼일이라고 그 계획은 종이 위에만 남아 있을 뿐 까맣게 잊어버리고 다시 일상으로 돌아가고 만다. 왜 그럴까? '~때문에'라는 많은 이유가 있을 것이다. 물론 나도 마찬가지다.

목표를 수립하는 '열정'도 필요하지만, 그것보다 더 중요한 것은 그것을 끝까지 해내는 '끈기'다. 낯선 곳을 여행할 때 함께 가는 친구가 있으면 얼마나 좋겠는가? 당신의 목표 달성을 지지하는 사람은 누구인가? 부모님, 형제자매, 친구 등 모두 좋다. 먼저 그 사람에게 지금 당장 연락하라. 그리고 당신이 수립한 목표를 찍은 사진을 보여 주고 앞으로의 실천 여부를 감독해 줄 것을 요청하라.

다음으로 설정한 목표를 어떻게 실행하는지 스스로 점검하고 계획을 조정할 시간이 필요하다. 당신은 언제 목표를 점검하고 또 수정하며 점검하는 시간을 가질 것인가? 매일 아침도 좋고 잠들기 전에도 좋다. 분명한 것은 매일 목표를 보면서 자신을 점검할 수 있는 시간이 필요하다.

마지막으로, 사람은 보상이 있으면 더 열심히 몰입하게 된다. 목표를 달성했을 때 당신은 어떤 것을 기대하는가? 열심히 노력한 자신에게 어떤 선물을 하고 싶은가? 미리 선물을 계획해 보라. 10가지 목표를 모두 달성했을 때 자신에게 보상을 하라. 그동안 갖고 싶었던 것을 나에게 선물하는 것이다. 그 선물을 1년 동안 생각하며 멋지게 도전해 가는 것이다.

이렇게 해서 5단계의 목표 설정 과정을 모두 마치게 된다. 당신이 어디에서 어떤 일을 하든 그 일에는 목적이 있고 의미가 있다. 자신의 소중한 재능을 강점으로 발현하여 주어진 역할 속에서 원하는 목표를 세우고 이루기 위해 최선을 다하며 이를 통해 세상에서 선한 영향력을 마음껏 발휘하길 진심으로 응원한다.

KEY GUIDE 목표 설정

1. 5단계로 목표를 세우는 연습을 해보세요.

1단계: 지난 1년 동안 가장 성공적으로 끝낸 일 3가지와 그것을 통해 얻은 것은 무엇인가요?

| 1) | 2) | 3) |

2단계: 그 성공을 만든 힘은 무엇이었나요?

| 1) | 2) | 3) |

3단계: 이상적인 삶을 살아가기 위해 어떤 것을 추구하나요? 자신의 가치를 선포하세요.

나 (　　　)은 (　　　), (　　　), (　　　)을 실천하는 사람입니다.
나는 내 안에 (　　　)이 있다는 것에 감사합니다.
나는 내 안에 (　　　)이 깊어지고, 계속 성장해 가는 것을 기뻐합니다.
또한 이 (　　　)로 세상에 좋은 영향력을 미치기를 진심으로 소망합니다.

4단계: 가장 이루고 싶은 목표를 하나만 설정해 보세요. 그리고 당신이 설정한 목표가 구체적으로, 측정 가능하고, 달성할 수 있고, 현실적이고, 정해진 시한에 할 수 있는지 검토해 보세요.

5단계: 수립한 목표를 사진으로 찍고 주위 사람들에게 보내어 지원과 협조를 구하세요.

2. 목표를 모두 달성했을 때 자신에게 주고 싶은 선물은 무엇이며, 그 이유는 무엇인지 적어 보세요.

3. 목표를 이룬 자신에게 칭찬의 글을 적어 보세요.

| KEY QUESTION 목표 설정 |

1. 당신이 한 일 중 가장 자랑스러운 것은 무엇인가요?

우리들의 이야기

대학교 입학 후에 아르바이트와 인턴으로 돈을 모아 유럽 배낭여행을 간 것이다. 친구를 만나기 전 혼자 파리에서 여행을 해야 했다. 도착 후 첫날, 유심칩을 사지 못해 구글 지도를 볼 수도, 누군가에게 연락을 취할 수도 없었다. 그렇지만 시간과 경험이 매우 중요하다고 생각해 무작정 노트르담 대성당에 가기로 결심했다. 지하철을 타기 위해 지나가는 사람에게 말을 걸었고, 지하철을 나와서도 길을 묻기 위해 사람들에게 말을 걸었다. 열 명 가까이 되는 사람들을 거쳐 노트르담 대성당을 바라봤을 때, 정말 기뻤다. 핸드폰 없이 혼자 여행을 한 것도, 여러 사람의 도움을 받기 위해 먼저 다가간 것도, 관광하며 여러 가지를 생각한 것도 모든 순간이 소중하고 자랑스러운 일이었다. _배경진

2년 동안 매일 아침 7시에 진행되는 영어수업에 빠지지 않고 참여하고 수료한 일이 가장 자랑스럽다. 7시 15분에 시작하는 수업을 들으려면 5시에는 일어나야 한다. 이렇게 일찍 일어나는 것이 쉽지 않고 그 전날 과제나 모임 같은 것이 늦게 끝나면 더더욱 일어나기 힘든데도 불구하고 참여해서 수업 과정을 수료했다. 몸이 비록 힘들긴 해도 하루를 길게 보낼 수 있고 영어 실력도 쌓을 수 있어서 좋았다. 이 수업을 처음 들을 때는 과연 내가 할 수 있을까 의심했지만 나도 마음먹으면 할 수 있다는 것을 다시 한번 깨달은 계기가 된 기회였다. _김하영

2. 당신의 삶의 역할 가운데 어떤 것이 가장 중요해 보이나요? 그 이유는 무엇인가요?

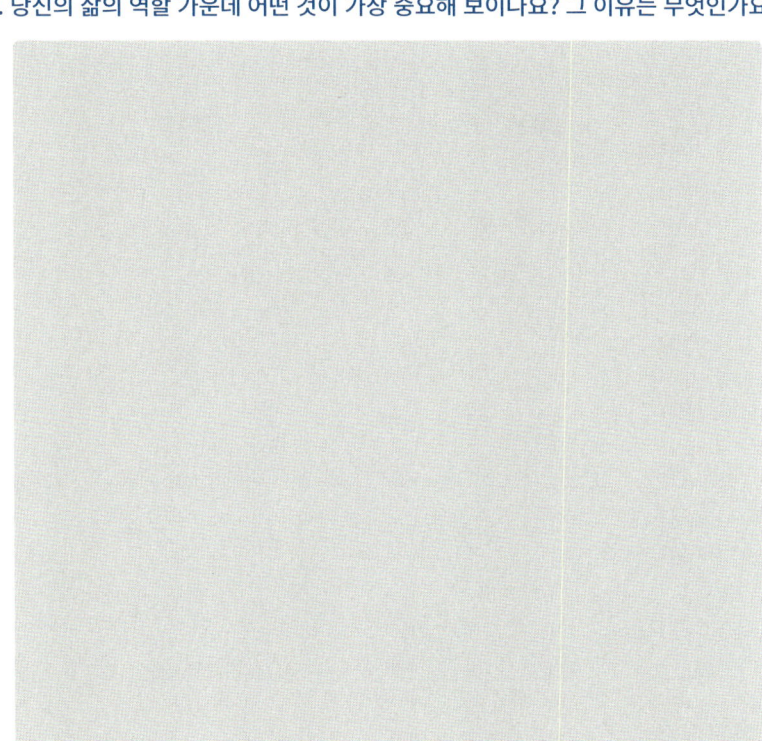

우리들의 이야기

사회적 역할이다. 내가 생각하는 사회적 역할이란 공동체 정신을 가지고 바른 인성을 함양하여 사회의 바람직한 발전을 위해 자신의 시간, 노력, 지식, 비용을 사용하는 것을 의미한다. 사회적 역할은 내가 지향하는 바와도 연관된다. 내 목표는 장래에 사회적으로 선한 영향력을 미치는 사람이 되는 것이다. 이는 나의 강점 테마 중 '화합'과 관련이 있다. 여러 사람이 모인 곳에는 갈등과 충돌이 있기 마련이다. 그러나 본인의 의견만을 주장하고 상대방의 의견을 무조건 거부한다면 너와 나의 관계가 파국으로 치달을 수 있다. 그렇게 되기보다는 절충점을 합의하여 서로 윈윈하는 방향으로 이해하고 배려하는 것이 현명하다고 생각한다. 최근에는 자신의 화를 표출하기만 할 뿐 이해하고 받아들이려는 노력은 전혀 하지 않으려는 사람들이 뉴스에 종종 등장한다. 현실 속에서 서로가 평화롭게 공존할 수 있는 대안을 마련하여 제시하는 사람이 되고 싶다. _양지성

나 스스로를 이끌어 가는 '리더'가 되는 것이다. 남들에게 '리더'가 되는 것이 어렵다면, 자기 자신이 좋은 방향, 그리고 진정으로 원하는 방향이 무엇인지 파악하여 '나'를 이끄는 '리더'가 되는 것이 중요하다고 생각한다. 내가 어떤 것을 원하고 무엇을 잘하는지 알지 못한다면, 나 자신의 '리더'가 될 수 없고 더 나아가 어느 팀이나 조직 내에서도 '리더'가 될 자질이 부족하지 않을까 생각한다. _최수진

3. 삶에서 진정한 목표는 어디서 찾을 수 있나요? 그 이유는 무엇인가요?

우리들의 이야기

우리가 사는 삶의 의미를 잘 생각해 보면 경제적인 조건은 그다지 중요하지 않으며, 인성과 인격이 중요하고 사랑의 마음이 우선이라는 것을 알게 된다. 사랑하는 마음 없이 인생을 살아간다면 그야말로 무의미한 삶이 되고 만다. 인성에 있어서 고약하고 악한 성격의 소유자나 질이 나쁜 정신질환자, 인격에 있어서 도둑놈 심보로 돈만 밝히려 드는 사람들은 세상에 대한 사랑의 마음은 없으면서 자기 기분만을 위해 쾌락을 즐기는 인생을 살아간다. 이들은 삶의 의미 따위는 존재하지 않는 단순한 동물 본능으로 살아가는 것이다. 반면 정신적인 면에서 빛나는 인생은 삶의 가치를 높여 주고 아울러 다른 사람들의 가슴에 희망의 불씨를 안겨다 줄 수 있다. 이런 정신적인 노력의 결과물이 보다 좋은 인생으로 살아갈 수 있게 되는 진정한 삶의 의미가 되는 것이며, 자신과 더불어 주변의 다른 사람들에게 행복감을 가득 심어 줄 수 있게 되는 것이다. 아마 이것이 나의 진정한 목표가 아닐까 생각한다. _**박성실**

삶의 진정한 목표는 자신에게서 찾을 수 있다고 생각한다. 외부에서 좋은 목표를 보고 그것에 따라 나의 목표를 설정하는 방법도 있을 수 있지만, 나와 전혀 상관없거나 나에게 의미가 없는 것들을 진정한 목표로 설정할 수는 없다고 본다. 나와 관련이 있고 내가 삶에서 이루고자 하는 목표를 설정하기 위해서는 반드시 자신에 대해 생각해 보는 단계가 필요하다. 스스로를 알고 자신에게서 답을 찾은 사람과 외부에서 좋은 목표를 가져다 붙이는 사람 사이에는 분명한 차이가 있을 것이다. 스스로 진정 원하는 목표를 설정한다면 올바른 목표를 설정하는 것뿐만 아니라 목표를 이루려는 의지도 얻을 수 있을 것이다. _**정세하**

4. 조금 더 효율적으로 목표를 달성하는 데 있어서 당신의 재능을 어떻게 조합할 수 있을까요?

우리들의 이야기

긍정Positivity 조합이라고 생각한다. 긍정은 책임감을 가지고 끝까지 나아가려고 할 때 다시 한번 일에 열의를 갖게 만든다. 또한 모든 일을 함에 있어 에너지가 넘치고 신이 나서 즐겁게 마무리하는 데에도 영향을 줄 것이다. 아울러 책임과 긍정을 조합한다면 앞으로도 인생을 알차게 살아가는 방향으로 모든 것을 선택하게 될 것이다. 긍정적인 열정은 나뿐만 아니라 다른 사람들에게까지도 닿을 수 있다고 생각한다. 주변 사람들도 내가 결정한 사항에 대해 듣고 자극을 받아 어떤 일을 시작할 수 있다. 혹시라도 같이 가는 과정에서 힘들거나 도움이 필요할 때, 도와주기도 하고 자신감을 북돋아 줄 수 있을 것이다. 이렇게 한다면 다른 사람들이 보다 높은 목표에 도달할 수 있도록 도울 수 있을 것이며 함께 성장할 수 있다고 생각한다. _선효진

나의 재능은 복구, 긍정, 회고, 포용, 책임이다. 복구와 회고를 조합한다면 효율적으로 목표를 달성하는 데 도움이 될 것이다. 회고를 통해 약점을 자세하게 파악하고 파악한 약점을 극복하려는 복구를 발휘한다면 약점을 최소화해서 목표를 효율적으로 달성할 수 있게 할 것이다. 또한 긍정과 포용, 책임을 조합할 수도 있다. 긍정적인 에너지와 포용적인 면모를 통해서 사람들과 함께 노력하면 목표를 달성하기가 수월할 것이다. 여기에 맡은 바에 책임을 다하며 주도적으로 하려는 책임을 더한다면 효율적으로 목표를 달성할 수 있을 것으로 생각한다. _정세하

| REFLECTION QUESTION 목표 설정 |

1. 당신이 정말 잘하는 것은 무엇인가요?
   - 자신의 재능이나 능력을 떠올려 보세요. 사람들이 당신에게 칭찬하는 부분은 어떤 것인가요?

2. 다른 사람들과 함께할 때 즐거운 활동은 무엇인가요?
   - 친구들과 함께할 때 특히 행복했던 순간들을 떠올려 보세요.

3. 지금까지 한 일 중 가장 자랑스러운 것은 무엇인가요?
   - 그 일을 자랑스럽게 생각하는 이유는 무엇인가요?

4. 어떤 일을 할 때 진정으로 살아 있다고 느끼나요?
   - 인생에서 가장 달콤한 순간을 맛보게 해준 것은 무엇인가요?

5. 인생에서 가장 의미 있는 것은 무엇인가요?
   - 그것이 왜 당신에게 그렇게 중요한지 설명해 보세요.

6. 지속적인 만족을 주는 활동은 무엇인가요?
   - 그 이유는 무엇인가요? 왜 그것이 당신에게 중요한지 생각해 보세요.

7. 당신에게 가장 큰 의미를 가지는 업적은 무엇인가요?
   - 그 업적이 왜 그렇게 특별한지 설명해 보세요.

8. 삶에서 정말 하고 싶었던 것을 실행으로 옮긴 적이 있나요?
   - 그때 어떤 기분이었는지 기억해 보세요.

9. 삶의 역할 가운데 가장 중요하게 여기는 것은 무엇인가요?
   - 그 역할이 왜 그렇게 중요한지 생각해 보세요.

10. 1년 안에 꿈꿔 왔던 목표를 달성한다면, 당신의 마음은 어떨 것 같나요?
    - 그 목표가 당신의 삶에 어떤 변화를 줄지 상상해 보세요.

이다.

우리는 어떤 병을 앓고 있는가? 우리는 얼마나 건강한가? 이런 미군 포로들처럼 우리는 자포자기 병과 자기부정의 병을 앓고 있는 것은 아닌가?

펜실베니아대학교 마틴 셀리그만Martin E. P. Seligman 교수는 학습된 무기력에 대한 연구에서 개 실험의 결과를 제시한다. 개에게 전기적 자극을 가하게 되면 어느 순간 자포자기하고 의욕을 상실하게 된다고 한다. 그런데 어떤 개들은 동일한 자극의 고통에도 끄떡없이 더 활발하게 움직인다는 것이다. 왜 어떤 개는 무기력에 빠지고, 어떤 개는 그렇지 않을까? 이 질문에 대한 호기심으로 셀리그만 교수는 그의 심리학 연구 주제를 송두리째 바꾸게 되었다. 무기력을 연구하는 것이 아니라 회복탄력성, 나아가 긍정심리학을 연구하게 된 것이다.

자포자기하고 무기력한 정신적 병을 겪고 있는 사람들을 치료할 수 있는 방법은 무엇일까? 바로 그 상황에서 벗어나 현재의 상황에서 최선을 다하도록 노력하는 것이다. 무기력한 상태, 즉 트라우마가 생기게 된 원인만을 치유해서는 그 상황이 달라지지 않는다. 환경과 상황을 바꿀 수 없다면, 가장 쉽게 바꿀 수 있는 것은 바로 '나 자신'이다. 우리는 누구나 자신에게 주어진 자원이 있다. 그것을 어떻게 사용할지는 사실 그 주인인 나 자신에게 달려 있는 것이다. 건강도 마찬가지다. 우리의 정신과 몸의 주인도 역시 우리 자신이다. 내 몸에 좋은 것으로 채우면 나는 건강하게 된다. 설사 우리를 공격하는 바이러스와 스트레스, 그리고 각종 사고가 있다고 하더라도 우리는 그것을 적극적으로 방어할 수 있다.

그렇다면 우리의 몸을 어떤 것으로 채울 것인가를 생각해 보자. 클리프턴 박사와 래스는 진정한 건강을 원한다면, 눈에 보이지 않는 자기 마음의 물통에 '긍정'의 물을 담으라고 말한다. 긍정적인 말과 행동은 우리에게 건강이라는 선물로 돌아온다는 것이다. 다시 말해, 건강하고 싶다면 타인을 칭찬하고 격려하는 말과 행동을 끊임없이 사용하라는 것이다. 그러면 그것들이 다시 자신의 물통인 건강 계좌로 돌아와 쌓인다는 것이다. 우리는 하루에도 수없이 많은 사람들과 직접 만나거나 전화 또는 SNS 등의 방법으로 다양하게 만나게 된다. 바로 이때 우리가 사람들을 어떻게 대하는가에 따라 우리의 건강이 달라진다는 것이다. 우리 안에 있는 긍정의 에너지를 다른 사람들을 위해 사용하면, 그 에너지는 고스란히 나의 건강 계좌에 저축되어 나를 점점 더 건강하게 만든다는 것이다.

어떤 말을 듣고 싶은가? 어떤 말을 들었을 때 기분이 좋아지는가? 어떤 말을 들으면 화가 나고 슬퍼지고 짜증이 나는가?

말 한마디로 천 냥 빚을 갚는다는 속담이 있다. 건강한 말 한마디는 사람을 살리기도 하고 심지어 죽이기도 한다. 건강하고 싶은가? 그러면 가장 먼저 타인에게 건강한 말을 끊임없이 해보라. 그러면 당신은 틀림없이 지금보다 훨씬 더 건강해질 것이다.

일상에서 더 건강하게 살려면 어떤 노력이 필요할까? 간단하게는 매일 나의 강점을 사용하라. 강점을 자신뿐만 아니라 타인을 위해 더 적극적으로 사용할 방법을 찾아보라. 자신의 강점을 인정하고 격려하는 사람과 관계를 더욱 강하게 유지하라. 그들과 더 많은 시간을 나누라. 그래서 강점을 지속적으로 충전시켜라. 당신의 강점을 더 활용할 수 있는 관계들을 넓혀 가라. 특히 가족들과 함께하는 시간을 늘릴 수 있는 방법을 찾아보라. 가족과의 여행 계획을 세워 보라. 가족과 함께 즐기는 경험을 만드는 데 기꺼이 투자하라.

이러한 노력에도 불구하고 여전히 상황과 환경으로 인해 힘들 때는 어떻게 해야 할까? 힘들 때일수록 우리 안의 숨어 있는 힘을 믿어야 한다고 조언하고 싶다. 바로 자신의 강점에 집중하라. 힘들고 어려운 상황을 인정하자. 그리고 내 안에 있는 강점에게 물어보자. 어떻게 하면 이것을 극복할 수 있을지 방법을 찾아보자. 과거 어느 순간에 나의 강점이 만든 성공 신화들을 회상해 보자. 그 속에 숨겨져 있는 어떤 비밀스러운 힘을 깨워 보자. 한순간에 모든 것이 해결될 수는 없지만 어느 순간 굳게 잠겨 있는 문이 열릴 것이다. 다음은 대한의사협회가 권장하는 '대국민 건강선언문'이다.

첫째는 금연이다. 금연을 결심했다면 주변에 그 사실을 알리고 전문 의료진과 상담할 것을 권한다.

둘째, 절주다. 술을 더 이상 권하지 말 것을 촉구한다. 잦은 음주는 암 발생 가능성을 높인다고 경고한다.

셋째, 균형식이다. 탄수화물과 단백질과 지방의 섭취 비율을 55대 20대 25로 할 것을 권한다. 탄산음료와 가당음료는 줄이고, 적당한 칼로리의 건강식을 유지할 것을 제시한다.

넷째, 적절한 신체 운동이다. 가벼운 운동을 생활화하라는 것이다. 2시간에 한 번씩 일어나 움직이고, 1주일에 150분 이상 빠르게 걷고, 2회 이상 근력 운동을 하라고 한다.

다섯째, 규칙적인 수면이다. 기상 시간을 지키고, 낮잠은 30분을 넘기지 말 것을 조언하며, 낮에 하는 규칙적인 운동을 추천한다.

여섯째, 긍정적인 사고방식 갖기다. 작은 일에 감사할 줄 알고, 남과 비교하지 않고 스스로를 행복하게 만들라고 한다. 원만한 관계가 행복을 가져다준다.

일곱째, 정기적인 건강검진과 예방접종이다. 생애주기별 국가건강검진을 반드시 챙기고, 검진 결과를 반드시 확인해 건강한 생활습관을 실천할 것을 권한다.

여덟째, 스트레스 관리다. '피할 수 없으면 즐기라'고 했다. 나만의 스트레스 대처법을 찾고, 주 1회 이상 여가활동을 통해 생활에 활력을 주라고 권한다.

아홉째, 미세먼지나 신종 감염병에 대한 관심 갖기다. 미세먼지 주의보나 경보 발령 때는 외출을 삼가고 자가용 이용도 자제하라고 한다.

열째, 모바일 기기와 거리두기. 식사는 스마트폰 없이 하도록 하고, 잘 때는 스마트폰과 멀어지라고 권한다.

정말 건강하게 오래 살고 싶은가? 그렇다면 더 좋은 일을 위해, 더 많은 사람들을 위해 당신의 몸을 아끼고 돌보며 자신의 강점을 사용하고 더 긍정적으로 타인을 인정하고 격려하고 도우라. 그러면 당신은 건강하게 그리고 행복하게 살 수 있을 것이다. 건강의 첫 출발도 당신의 강점에 집중하면 가능하다.

KEY GUIDE 건강

1. 자신의 현재 건강 상태는 어떠하며, 앞으로 어떻게 변화하고 싶은가요?

   1) 현재 상태:

   2) 원하는 방향:

2. 매일의 건강 관리를 위해 지금 바로 실천할 수 있는 일은 무엇인가요? 한 가지 방법을 구체적으로 써 보세요.

3. 매일 아침, 거울을 보고 스스로에게 말하고 싶은 긍정적 메시지를 적어 보세요. 그리고 꾸준히 실천하세요.

4. 자신의 강점을 인정하고 격려해 주는 사람들에게 '건강한 말'이 담긴 메시지를 전하면 어떨까요? "사랑한다", "존경한다" 등 어떤 얘기도 좋습니다.

KEY QUESTION 건강

1. 다른 사람의 신체 중에서 가장 먼저 눈에 들어오는 부분은 어디인가요? 당신의 신체 중에서 특별히 좋아하는 부분은 어디인가요?

우리들의 이야기

나는 다른 사람을 볼 때 눈을 가장 먼저 본다. 눈은 그 사람의 삶을 담고 있다고도 하는데 눈을 보면 그 사람의 하루, 더 나아가 그 사람이 담고 있는 의중도 파악할 수 있기 때문이다. 나는 특히 다른 사람과 이야기할 때 눈을 보면서 이야기하는 것을 좋아하는데, 사람의 눈빛은 가장 진실된 비언어적 표현이라고 생각하기 때문이다. 내 신체에서 특별히 좋아하는 부분은 눈이다. 흔히 예쁜 눈이라고 불리는 크고 쌍꺼풀이 짙게 진 눈은 아니지만 내 얼굴과 조화가 잘 되기 때문이다. 그리고 오히려 흔하지 않기 때문에 특별한 것 같다. _유은솔

2. 당신 스스로 변화하여 최소한의 노력으로 최대의 결과를 달성할 수 있는 건강 유지 방법은 어떤 것인가요?

우리들의 이야기

매일 바람을 쐬면서 시냇물을 따라 달리는 것이 가장 좋다. 최소 비용으로 최대의 효과를 볼 수 있는 건강 유지 비법이라고 생각한다. 기숙사 안에 헬스장이 있지만 기숙사에서 5분 거리에 성북천이 있어서 바람을 맞으며 달리곤 한다. 하루 동안의 좋지 않았던 일과 스트레스를 날려 버릴 수 있는 시간이다. 하루 중 걱정 없이 가장 편안해지는 시간이기도 하다. 파견 학생으로 캐나다에서 생활할 때는 집 주변에 시냇물을 따라 달릴 수 있는 거리가 없어 골목을 따라 달리기도 했다. 달리고 들어와서 혹은 비가 오는 날에도 즐겨 했던 것 중 하나는 온라인에서 동영상을 찾아 원하는 운동을 따라 하는 것이었다. 가장 큰 장점은 시간대에 맞게 15~30분 정도 원하는 동영상을 골라 하고 싶은 운동을 할 수 있는 것이다. 하다 보면 시간 가는 줄 모르고 1시간이 훌쩍 지나가 있었다. _선효진

'일찍 자고 일찍 일어나기, 충분한 수면 취하기, 걸어 다닐 수 있는 곳은 걸어 다니기'라고 생각한다. 우선, 일찍 자고 일찍 일어나는 것은 정말 중요하다고 생각한다. 우리의 뇌는 잠에서 깨고 2시간 뒤에 제 역할을 다 할 수 있다고 들었다. 그렇기 때문에 하루의 시작을 위해서는 일찍 일어나는 습관이 중요하다고 생각한다. 또한 일찍 일어나면 하루를 빨리 시작할 수 있고 더욱 알차게 보낼 수 있다고 생각한다. 그리고 그 과정에서 충분한 수면을 취하는 것이 중요하다고 본다. 원래는 12시 이전에는 꼭 자고 6시에 항상 일어나는 습관을 가졌었다. 하지만 요즘에는 과제도 많고 해야 할 일들이 많다 보니 새벽 2~3시에 자는 게 기본이다. 그러다 보니 학교에 가면 항상 피곤한 상태로 수업을 듣고, 수업 시간에도 졸린 경우가 많다. 최대의 결과를 달성하기 위해서는 충분히 자고 일찍 일어나는 것이 중요하다고 생각한다. _이진주

3. 정신적으로 커다란 손실이나 상처를 입었던 경험은 무엇인가요? 당신은 그 고통을 어떻게 극복했나요?

우리들의 이야기

지금 생각해 보면 아주 큰 일도 아니었던 것 같지만, 그 당시에는 정신적으로 힘들어서 잠자리에 들기 전에 나도 모르게 눈물을 흘렸다. 고통을 극복하기 위해서 오히려 밝은 모습을 보였던 것 같다. 그 밝음으로 고통을 묻어 버려 잘한 것 같기도 한데, 어떻게 보면 극복이 아니라 더 안으로 묻어 버려 언제 터질지 모르는 시한폭탄을 담아 두었던 것 같다. 그러나 혼자서 운 것이 하나의 극복 방법이 된 것 같기도 하다. 어디서 보았는데 눈물을 흘리는 것 또한 스트레스 해소 방법이고, 자신의 감정에 솔직할 수 있는 시간이라고 했다. 따라서 나는 이런 혼자만의 시간과 방법으로 어려운 감정들을 스스로 잘 다스리고 있는 것 같다. _이현정

4. 정신적, 육체적으로 건강한 삶을 위해서 어떤 면에 좀 더 노력을 기울여야 할까요?

우리들의 이야기

마음을 내려놓는 연습이 필요하다. 한 아이가 구도자에게 도를 깨치는 법을 물었다. 그랬더니 구도자는 "배고프면 밥을 먹고, 졸리면 자는 것"이라고 했다. 그랬더니 아이가 "그건 누구나 다 하는 것 아니냐?"라고 되물었다. 그랬더니 구도자는 이렇게 말했다. "사람들은 밥을 먹으면서 밥만 먹는 데 집중하는 것이 아니라 머릿속으로 여러 잡다한 생각을 한다. 심지어 잠을 자기 전에도 수많은 걱정을 한다." 정신적, 육체적으로 건강하게 살려면 단순한 삶을 살려고 노력해야 하지 않을까.
_조유진

REFLECTION QUESTION 건강

1. 당신의 외모 중 가장 마음에 드는 부분은 어디인가요?
   • 그 부분이 왜 특별한지 생각해 보세요.

2. 다른 사람을 볼 때 가장 먼저 눈에 들어오는 신체 부위는 어디인가요?
   • 그 이유는 무엇인가요?

3. 당신은 자신의 건강을 어떻게 평가하나요?
   • 당신의 육체와 정신 건강을 돌아보세요.

4. 정기적으로 어떤 운동을 하고 있나요?
   • 운동을 더 하지 못하도록 방해하는 것은 무엇인가요?

5. 현재의 건강 상태를 계속 유지한다면, 5년 후 당신은 어떤 모습일까요?
   • 앞으로 건강이 어떻게 변할지 생각해 보세요.

6. 최소한의 노력으로 건강을 유지하는 가장 좋은 방법은 무엇인가요?
   - 어떤 습관이 최대의 결과를 가져올 수 있나요?

7. 어떤 운동에 끌리나요?
   - 그 운동을 꾸준히 하기 위해 어떻게 할 수 있을까요?

8. 정신과 육체가 건강해지기 위해 어떤 부분에 더 노력해야 할까요?
   - 개선이 필요한 부분을 생각해 보세요.

9. 더 건강한 생활 습관을 만들기 위해 할 수 있는 가장 좋은 방법은 무엇인가요?
   - 생활 습관을 개선하기 위한 구체적인 아이디어를 생각해 보세요.

10. 당신의 몸이 보내는 신호를 어떻게 알아차릴 수 있나요?
    - 주의를 기울여야 하는 건강 신호는 무엇인가요?

가족

당신에게 가족은 어떤 의미입니까?

가족과 코칭 수업이 어떤 관계가 있을지, 또 '나'와는 어떤 관계가 있을지 생각해 보자. 가족에 대한 당신의 Key Question은 무엇인가? 가족의 의미, 내가 가족에게 줄 수 있는 것, 세대 차이 등 다양한 주제가 있을 것이다. 이 책에서 제안하는 Key Question은 다음과 같다.

- 여러분은 어떤 가족을 구성하고 있는가?
- 지금 어떤 사람들과 함께 가족을 만들고 있는가?
- 가족 구성원의 강점은 무엇인가?

가족은 누구에게나 참 특별한 존재다. 우리는 가족으로 인해 탄생했으며, 그 속에서 성장했고, 또 다른 가족을 이루어 독립하기도 한다. 인생에서 가장 중요한 것이 무엇인지 물었을 때, 많은 사람들이 가족이라고 답한다. 그런데 '왜 그렇게 중요하냐'고 물으면 선뜻 답하지 못하는 경우가 많다. 가족이 중요하다고 생각하지만, 평소에는 그 소중함을 잘 느끼지 못하는 것이다. 나 역시 가족은 그냥 함께 있는 사람이고 서로 아끼고 보살피는 존재라고만 생각하던 때가 있었다. 존재하고는 있지만 눈에 보이지 않기에 있을 때는 그 중요성을 모르다가, 없으면 숨이 막히는 그런 존재가 바로 가족이 아닐까 싶다.

가족에 대해 이야기하기 전에, 가족이란 말의 의미부터 살펴보자. 국어사전에서는 '어버이와 자식, 형제자매, 부부 등 혈연과 혼인 관계 등으로 한 집안을 이룬 사람들의 집단'이라고 정의한다. 즉, 혼인을 통해 형성된 집단이라는 것이다. 민법에서는 '배우자, 직계혈족 및 형제자매, 생계를 같이하는 직계혈족의 배우자, 배우자의 직계혈족 및 배우자의 형제자매'로 그 범위를 제한하고 있다. 반면, 서양에서는 그 범위를 조금 더 확대하고 있는데, 머독Murdock은 '공동 거주, 경제적 협동, 재생산이라는 특징을 갖는 집단'이라고 말한다. 레비 스트라우스Levi-Strauss는 '결혼에서 출발하여 부부와 그녀의 자녀로 구성되지만, 여기에 다른 근친자가 포함될 수 있으며, 가족 구성원은 법적 유대, 경제적·종교적 그리고 그 외에 다른 권리와 의무, 성적 권리와 금지, 애정, 존경, 경외 등 다양한 심리적 정감의 결합'이라고 설명한다. 한국은 다분히 사람 중심으로 누구와 함께 사느냐에 더 중점을 두는 반면, 외국에서는 함께 무엇을 하느냐에 더 관심을 두는 것 같다.

이번에는 가족의 구성 단계에 대해 알아보자. 가족을 구성하기 위해서는 남녀의 만남과 사랑이 필요하다. 사랑이라는 개념은 매우 복잡하기에, 사전적인 의미를 먼저 알아보자. 국어사전에서는 '어떤 사람이나 존재를 몹시 아끼고 귀중히 여기는 마음 또는 그런 일'이라고 하며, 어떤 사람은 사랑을 '동료애'로, 또 다른 사람은 '낭만'으로, 또 어떤 사람은 '소유적인 사랑'으로 표현하기도 한다. 가족을 구성하기 위한 사랑으로 발전시키기 위해서는 남녀 서로 간에 신뢰가 있어야 한다. 이를 바탕으로 서로의 마음을 나눌 수 있어야 하며, 점차적으로 서로 의지하고 존중하며 상호 간의 부족한 부분을 충족시켜 나가는 과정을 거쳐 사랑의 결실을 맺게 된다.

사랑의 결실인 결혼을 위한 배우자의 선택 기준은 무엇일까? 배우자를 선택하기 전에 누구나 깊은 고민에 빠지게 된다. '과연 이 사람이 내 짝이 맞는 것일까? 정말 잘한 선택일까? 더 좋은 사람은 없을까?' 수없이 많은 밤을 지새우며 고민 끝에 결혼하게 된다.

현명한 배우자의 선택 기준에는 무엇이 있을까? 정옥분, 정순화의 「결혼과 가족」이라는 책에서는 다섯 가지 기준을 제시한다. 첫째, 충분한 이성 교제의 기회와 교제 기간이 필요하다. 둘째, 인생관과 결혼관 그리고 인품 등의 내적 가치관을 서로 잘 살펴야 한다. 셋째, 성과 사랑에 대한 인식 그리고 지속적으로 매력을 느끼는지를 점검해야 한다. 넷째, 부모님의 지지와 친구들의 의견도 고려해야 한다. 마지막으로, 상대방의 강점과 약점 그리고 자신의 장단점을 서로 공개하여 상호 보완할 수 있는지를 판단해야 한다. 결혼한 사람들이 공통으로 하는 말이 이 과정이 너무 힘들어 두 번 다시는 하고 싶지 않다고 할 정도다. 이렇게 신중한 판단 과정을 거쳐 결정했음에도, 막상 결혼하고 나면 서로 전혀 몰랐던 상대방의 진면목을 알게 되는 것이 바로 배우자 선택의 오류다.

도대체 어떻게 해야 배우자를 잘 선택할 수 있을까? 명확한 답은 없지만, 서로의 강점을 발견하는 시간을 가지는 것이 중요하다. 서로의 강점을 기반으로 서로의 다른 점을 이해하고 어떻게 보완하면 좋을지, 나에게 없는 강점을 배우자를 통해 보완할 때 어떤 것이 더 좋아질지 서로 대화하는 것이 필요하다. 서로의 다름을 이해하고 공동의 선을 만들기 위해 노력하는 과정에서 서로를 더 잘 이해하고 사랑하며, 이런 과정을 통해 부부의 신뢰가 더 강해지고 더 건강한 가족으로 발전한다고 생각한다.

건강한 가족은 어떤 가족일까? 건강한 가족을 연구해 온 스틴넷 부부 Nick & Nancy Stinnet의 「환상적인 가족 만들기」라는 책에서는 건강한 가족의 특성으로, 상호 간의 헌신과 감사, 긍정적인 커뮤니케이션, 함께 시간을 보내고, 영적으로 성장하며, 스트레스와 위기를 잘 대처한다는 6가지 공통점을 제시하고 있다.

인생에서 가장 중요한 것이 가족이라고 말한 사람에게 "왜 가족이 중요하냐?"라고 다시 물으면 곧장 "가족은 내 분신이고 생명이며 존재 그 자체"라고 말한다. 그래서 자식을 위해서는 목숨조차 아깝지 않다고 말한다. 이것이 바로 가족에 대한 헌신이다. 부부간에도 헌신이 필요하고 자녀에게도 헌신이 필요하다. 그런데 참 이상한 것은 자녀에게는 헌신이 되는데 왜 배우자에게는 헌신이 어려운 것일까? 서로 간에 혈연관계가 아니라서 그런 것일까? 분명한 것은 배우자보다 자녀를 더 끔찍하게 대한다는 사실이다.

그렇다면 가족 구성원이 서로 헌신하기 위해서는 어떻게 해야 할까? 서로의 역할과 책임을 다해야 한다. 가족이 함께 식사를 하고 좋은 책을 읽고 강의를 듣고 영화를 보면서 의견을 교환하는 시간이 필요하다. 이를 통해 나는 누구인지, 무엇을 하고 있는지, 어떻게 살아야 하는지를 항상 거울에 비춰 보듯이 살필 수 있을 것이다.

다음으로 가족에게 감사해야 할 것은 무엇일까? 이 세상은 가족이 있는 세상과 없는 세상 이렇게 두 가지가 있다는 말이 있다. 어찌 보면 가족이 없는 세상은 무인도에서 나 혼자 살아가는 것처럼 외롭고 쓸쓸할지도 모른다. 그래서 우리는 함께 있는 사람이 얼마나 소중하고 또 감사한 존재인지를 생각해야 한다. 가족 간에는 항상 따뜻하게 칭찬하고 또 슬플

때는 위로와 격려가 필요하다. 말뿐만 아니라 몸과 마음으로도 서로 사랑하고 애정을 표현해야 한다.

건강한 가족을 만들기 위해서는 긍정적인 커뮤니케이션이 필요하다. 우리는 친한 사람에게 함부로 말하는 경향이 있다. 때로는 서로에게 상처가 될 말을 대수롭지 않게 내뱉기도 한다. 그래서 가장 가까운 사람이 가족이기도 하지만, 서로 멀어지면 가장 어렵고 힘든 사람이 가족이기도 하다. 가족 간의 대화는 서로 친하기에 더욱 상대방을 아끼고 배려해야 한다. 충분히 말할 수 있는 시간과 여건을 만들어 주고, 끝까지 들어주며 비판이나 평가보다는 그 사람의 마음을 읽는 노력이 필요하다.

당신은 얼마나 많은 시간을 가족과 대화하며 보내는가? 부부 스쿨에서 '일주일에 쓰레기를 버리는 데 얼마만큼의 시간을 보내느냐?'는 질문에 미국은 평균적으로 25분 걸린다고 답했다고 한다. 반면, '부부가 눈을 마주치면서 대화를 몇 분 동안 하느냐?'는 질문에는 아무런 대답이 없었다고 한다. 부부간 커뮤니케이션 시간이 쓰레기 버리는 시간보다 적은 것이다. 물론 자녀를 양육하고 사회생활을 하다 보면 부부가 함께하는 시간을 갖기가 어려울 수 있다. 모두가 바쁘다고들 한다. 정말 그럴까? 오늘날 세상에서 가장 바쁜 사람은 누구일까? 아마도 미국의 대통령일 것이다.

버락 오바마 대통령은 어떤 일이 있어도 주 5일은 가족과 함께 저녁 식사를 했다고 한다. 그 자리에는 부부와 두 딸만이 함께할 수 있으며, TV, 스마트폰, 신문이나 책도 있어서는 안 되고 온전히 가족 간의 대화로만 식사 시간을 채웠다고 한다. 왜 그랬을까? 부모로부터 버림받고 외조부모 밑에서 자란 그에게 가족은 그 무엇과도 바꿀 수 없는 소중한 것이었다. 심지어 대통령직까지도 가족에 비하면 단지 하나의 '일'에 불과했다.

가족과 무엇인가를 하며 함께 보내기 위해서는 참 많은 노력이 필요하다. 서로의 관심사를 공유하고 또 즐거움을 나눌 수 있는 시간과 공간을 만들어야 한다. 함께 식사하고 집안일을 하고 휴가를 가는 것은 평생의 추억이 될 것이다. 물론 가족은 즐거움만 함께하는 사람들은 아니다. 인생에서 슬픔과 어려움의 시기는 누구에게나 닥칠 수 있다. 바로 이때, 가족이 더욱 필요하다. 세상 모든 사람이 나를 외면하고 비난할 때에도, 가족은 마지막 안식처이자 피난처가 되는 것이다. 그러기에 어려운 일을 만났을 때 가족은 그 일에 대한 해결책을 함께 찾으며, 균형적인 시각으로 왜곡된 판단과 결정을 내리지 않도록 막고, 같이 어려움을 극복할 수 있는 치료제가 된다.

지금까지 가족에 대해 여러 이야기를 나누어 보았다. 일본의 40대 남성의 경우 50%가 결혼을 못 했다고 한다. 40세에 결혼을 포기했으면 당연히 50대에도 가정이 없을 것이다. 세대의 반이 없어진 것이다. 대한민국도 마찬가지다. 통계 자료를 보면 40%가 결혼에 대한 생각이 없다고 한다. 가족에 대한 가치관과 형태 역시 많이 바뀌고 있다. 이런 사회적 흐름 속에서 우리는 어떤 사랑을 하기 원하는가, 어떤 배우자를 만나기 원하는가, 어떤 가족을 만들기 원하는가에 대해 깊이 생각해 볼 필요가 있다.

건강한 가족은 서로의 강점을 이해하고, 비전을 공유하며, 공동의 목적을 추구하면서 성장하고 발전해 간다. 이를 위해서는 가족 구성원이 서로의 역할과 책임을 인식하고 최선을 다하며, 무엇보다 상호 간 신뢰가 있어야 한다. 그 첫 번째 단추는 가족 구성원 각자의 '강점'을 발견하고 투자할 수 있도록 돕는 것이다.

가족을 다른 말로 한솥밥을 먹는 사람들, '식구'라고 한다. 오늘 집에 돌아가서 가족끼리 같이 맛있는 식사를 하며 대화하는 시간을 가져 보는 건 어떨까?

KEY GUIDE 가족

1. 가족이 당신에게 소중한 이유 3가지는 무엇인가요?

   1)   2)   3)

2. 일주일에 한 번 부모님을 위한 선물(물질적, 정신적)을 한다면 어떤 것을 할 수 있을까요? 한 가지만 써 봅시다.

3. 가족 구성원의 강점을 파악해 봅시다.

	강점 1	강점 2	강점 3	강점 4	강점 5
아버지					
어머니					
형제, 자매					
자녀					

4. 가족 구성원이 가장 잘하는 일은 무엇인지 적어 봅시다.

	가장 잘하는 일
아버지	
어머니	
형제, 자매	
자녀	

KEY QUESTION 가족

1. 어머니와 함께했던 경험 가운데 가장 소중한 추억으로 기억되는 것은 무엇인가요?

우리들의 이야기

나는 어머니와 함께했던 경험이 매우 많다. 그중에서 나에게 소중했던 추억을 꼽자면 초등학교 때 유행했던 진실반지를 말하고 싶다. 한창 진실반지가 아이들에게 유행해서 자신의 기분을 말해 주는 반지라며 신기해하던 때였다. 나도 갖고 싶었지만, 사기에는 좀 아깝다는 생각이 들어 친구의 반지를 구경하고 집에 돌아오는 길에 어머니와 만나 데이트를 하게 되었다. 함께 맛있는 것을 먹고 돌아오는데 어머니가 내 손가락에 진실반지를 끼워 주셨다. 그러면서 어머니의 손에 있는 진실반지도 보여 주시며 이 진실반지처럼 서로에게 진실한 사이가 되자고 말씀하시던 어머니의 모습이 생각난다. 어른으로서 그런 반지는 그저 애들 장난감 정도로 생각할 수 있지만, 정말 진지하게 받아들여 주시고 함께해 주신 어머니의 모습이 아직도 눈에 선하다. _조해리

2. 아버지와 함께했던 경험 가운데 가장 소중한 추억으로 기억되는 것은 무엇인가요?

우리들의 이야기

성장하고 나서는 아빠와 함께하는 시간이 자연스럽게 줄어든 것 같다. 그래서 아빠와 함께했던 소중한 추억들은 대부분 어렸을 때가 많다. 어린 시절 금붕어와 잉꼬새 서너 마리 정도를 키웠다. 이때 잉꼬새를 키우기 위해 주말마다 아빠와 함께 동물용품점에 가서 동물들도 구경하고, 사료도 사고, 다른 잉꼬새를 입양해 오기도 했던 기억이 따뜻하게 남아 있다. 아빠와 함께 잉꼬새 이름도 새로 지어 주고 새로운 잉꼬새를 들고 집으로 돌아올 때의 행복감은 아직도 잊지 못한다. _**최수진**

3. 향후 당신의 자녀에게 행복한 가족을 만들어 주기 위한 조언을 해준다면 어떤 말을 할 수 있을까요?

우리들의 이야기

집은 1순위로 편한 곳이 되어야 한다는 것을 이야기해 주고 싶다. 친구들 이야기를 들으면 요즘 취업 준비를 하고 있는데 오히려 집에 있는 것이 가족들 눈치가 보이고 주눅 들게 된다고 한다. 물론 나도 아직 본격적인 취업 전선에 뛰어들진 않았지만, 집에 있을 때는 그런 중압감을 느끼곤 한다. 그래서 가끔 집에 들어가기가 싫어서 학교 도서관에 있거나 카페를 전전하기도 한다. 나는 적어도 자식들에게는 집은 쉴 수 있는 곳이라는, 집에서는 아무 걱정 하지 않아도 된다는 인식을 심어 주고 싶다. _유은솔

"가족들과 이야기하는 시간을 많이 가지라"고 말할 것이다. 부부 사이든 부모와 자식 사이든 대화가 없으면 서로를 알지 못하게 된다. 그래서 하루에 있었던 일 중에서 좋았던 일, 힘들거나 슬펐던 일처럼 일상 이야기를 함께 나누는 것에서부터 시작하는 것이다. 또 "함께 일정을 만들어 보라"고 조언하고 싶다. 어떤 한 가지 일에 대해서 함께 생각하면서 같이할 수 있는 것을 찾을 수도 있고, 어떤 것을 하고 싶은지도 더 잘 알 수 있을 것이다. 이 또한 사소한 일정에서부터 함께하는 것이 중요하다. 마지막으로는 긍정적으로 생각하는 것이다. 나부터 긍정적이고 편안해야 가족들도 그 영향을 받을 것이다. 그래서 한 번 더 웃을 수 있는 계기를 만들고 자주 웃는 것을 가정에서부터 생활화할 수 있다면 진정으로 '행복한 가족'이 아닐까 싶다. 이 세 가지를 한마디로 "너로부터 가족의 분위기를 만들어 나가라"로 정리하고 싶다. _선효진

4. 향후 당신의 자녀들에 대해 어떤 소망을 품고 있나요?

우리들의 이야기

고기를 잡아 주는 것이 아닌, 고기를 잡는 법을 가르칠 생각이다. 내가 부모로서 아이에게 해줄 수 있는 역할은 아이보다 좀 더 많은 경험을 바탕으로 방향을 제시해 주는 것뿐이다. 아이의 길을 부모가 대신 걸어 줄 수 없다. 내 아이 역시 이 부분을 이해해 주었으면 좋겠다. 부모에게 의지하기보다는 독립심이 있는 아이였으면 한다. 조금 더 바라는 것이 있다면, 자신의 강점을 성숙하게 발현할 줄 알았으면 좋겠다. 나는 대학교 2학년 때 강점을 발견했는데, 아이에게는 더 어릴 때부터 강점을 찾게 도와주고, 자신의 강점을 잘 활용할 수 있도록 지지해 줄 생각이다. _조유진

나는 원대한 꿈을 꾸는 아이들이었으면 좋겠다. 현재 처해 있는 상황을 객관적으로 정확하게 인식하는 것도 필요하지만, 그렇다고 현재 상황에 국한되고 제한되어 꿈꾸는 것조차 포기하지 않았으면 좋겠다. 안 되면 되게 하면 되고, 이 세상에 불가능한 일은 그다지 많지 않다고 생각하기 때문이다. 그런데 자신만을 위해 원대한 꿈을 꾸는 것이 아니라, 세상에 긍정적인 영향을 미치고 다른 사람들에게 언제나 진심으로 대하는 사람이었으면 좋겠다. 진실된 사람은 언젠가 다른 사람들도 그 진심을 알게 되기 때문이다. 이런 사람이 결국에는 인기도 많이 얻게 된다. 또한 돈을 좇아 살지 말 것! 돈은 있다가도 없고, 없다가도 있기 때문에 돈을 많이 버는 게 삶의 목표가 아니었으면 좋겠다. 돈은 그저 행복한 삶을 살아가는 데 도움을 주는 한 가지 수단이기 때문이다. _김하영

REFLECTION QUESTION 가족

1. 가정의 가훈이나 중요한 가치는 무엇인가요?
   - 가족이 소중히 여기는 가치나 원칙을 생각해 보세요.

2. 가족의 '정신적 유산'은 무엇인가요?
   - 부모님이 당신에게 꼭 이루어지길 바라는 것은 무엇인가요?

3. 사회적인 성공과 가정의 화목 중 어떤 것을 더 중요하게 생각하나요?
   - 그 이유는 무엇인가요?

4. 어린 시절, 가족이 함께하면서 가장 즐거웠던 때는 언제였나요?
   - 어떤 활동이 가장 기억에 남나요?

5. 아버지와 함께했던 소중한 추억은 무엇인가요?
   - 어떤 경험이 가장 특별하게 기억에 남나요?

6. 어머니와 함께했던 소중한 추억은 무엇인가요?
   • 어떤 기억이 가장 소중하게 남아 있나요?

7. 형제자매와의 관계를 어떻게 표현할 수 있나요?
   • 그들과의 관계를 한마디로 설명해 보세요.

8. 형제자매와 함께했던 소중한 추억은 무엇인가요?
   • 어떤 경험이 특히 기억에 남나요?

9. 부모님 중 누구를 더 많이 닮았다고 느끼나요?
   • 어떤 점에서 그렇게 느끼나요?

10. 어떻게 하면 가족이 더 화목하게 지낼 수 있을까요?
    • 가족 간의 화목을 위해 어떤 노력이 필요할까요?

3. 사회적 인식

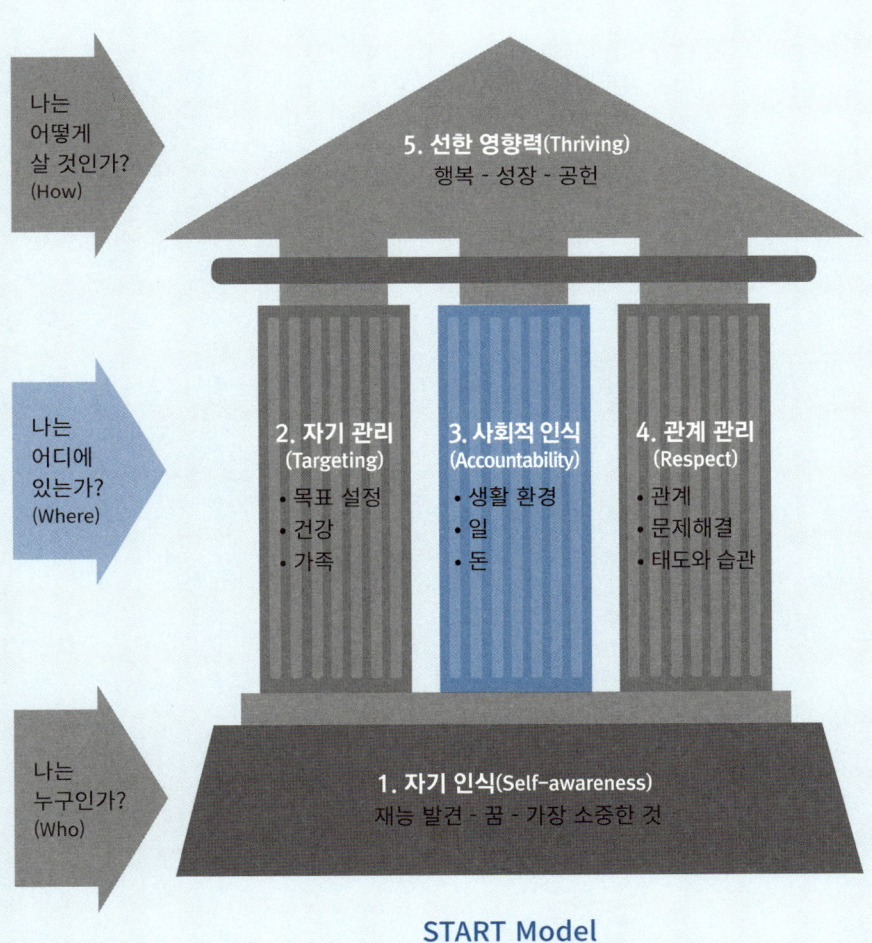

생활환경

마음가짐이 당신을 잘 살게 할 수도,
못 살게 할 수도 있다.

사람의 인생에서 중요한 '생활환경'은 단순히 물질적인 풍요만을 의미하는 것이 아니다. 마음의 건강, 주변 환경과의 조화, 그리고 현재를 소중히 여기는 태도까지 아우르는 복합적인 개념이다. 좋은 생활환경은 우리가 어려움을 이겨내고 행복하고 성공적인 삶을 살아가는 데 아주 중요한 밑바탕이 된다. 마치 집을 지을 때 튼튼한 기초 공사를 하는 것과 같은 이치다.

이러한 생활환경은 크게 세 가지 중요한 측면으로 나누어 생각해 볼 수 있다.

첫째, 긍정적인 내면 환경을 만드는 것이다. 즉, 마음의 건강을 가꾸는 것이다. 내면 환경은 우리가 외부 환경을 어떻게 받아들이고 해석하는지, 그리고 그에 대해 어떻게 반응하는지에 아주 큰 영향을 미치며, 결국 우리 삶의 질을 결정짓는 핵심 요소 중 하나다. 긍정적인 내면 환경은 다음과 같은 여러 요소가 잘 어우러져 만들어진다.

1. 긍정적인 마음가짐을 가지라

살다 보면 힘든 일, 어려운 일을 피할 수 없다. 하지만 어려운 상황에서도 희망을 잃지 않고 어떻게든 문제를 해결해 보려고 집중하는 힘은 바로 긍정적인 마음가짐에서 나온다. 여기서 긍정적인 마음가짐이란 단순히 "다 잘될 거야"라고 막연하게 낙관하는 것과는 조금 다르다. 현실을 있는 그대로 똑바로 보되, 그 안에서 긍정적인 부분, 즉 희망을 발견하고 앞으로 더 잘 해낼 수 있다는 믿음을 유지하는 것이 핵심이다. 「정상에서 만납시다」의 저자 지그 지글러 Zig Ziglar는 매일 스스로에게 "나는 매일 발전하고 있다"고 되뇌었다고 하는데, 이는 스스로에 대한 믿음, 즉 자기 확신과 긍정적인 자기 암시가 얼마나 큰 힘을 발휘하는지 보여 주는 좋은 예시다. 혹시라도 부정적인 생각에 쉽게 휩싸이는 경향이 있다면, 의식적으로 긍정적인 방향으로 생각을 바꾸는 연습을 꾸준히 하는 것이 좋다.

2. 끊임없이 배우라

지식이나 기술을 배우는 것뿐만 아니라, 인격적으로 성숙해지는 것, 자신의 감정을 잘 조절하는 것, 다른 사람들과 좋은 관계를 맺는 것 등 아주 다양한 측면을 포함한다. 매일 아주 작은 목표를 달성해 나가는 성공 경험들은 스스로에 대한 믿음(자기 효능감)을 키워 주고, 결과적으로 삶의 만족도를 훨씬 더 높여 준다. 공부를 하거나 운동을 하거나 조용히 명상을 하거나 다른 사람들을 돕는 봉사 활동을 하는 등 자신에게 잘 맞는 방법을 찾아 꾸준히 실천하는 것이 좋다.

3. 자신을 긍정적으로 평가하라

자신을 객관적으로 바라보고, 자신이 무엇을 잘하고 무엇을 못하는지, 즉 강점과 약점을 파악하는 것은 아주 중요하다. 하지만 그렇다고 해서 자신을 너무 낮추거나 비하해서는 안 된다. 자신이 지금까지 기울인 노력과 작게나마 이룬 성취들을 인정하고 칭찬하는 습관을 들여야 한다. 오늘 하루 동안 자신이 한 일 중에서 긍정적인 부분, 잘한 점을 찾아 자신에게 "오늘도 수고했어"라고 칭찬해 주는 것은 자존감을 높이고 긍정적인 자아상을 만드는 데 아주 효과적이다. 이렇게 작은 성공 경험들을 하나씩 차곡차곡 쌓아 가다 보면 자신감을 키울 수 있다.

4. 자신의 꿈과 목표를 명확하게 설정하라

꿈과 목표는 마치 나침반과 같아서 우리의 삶이 어느 방향으로 나아가야 할지 명확하게 알려 주고, 앞으로 나아갈 수 있는 힘, 즉 동기를 부여해 준다. 막연하게 '돈을 많이 벌고 싶다', '행복하게 살고 싶다'와 같은 큰 그림만 그리는 것이 아니라, 앞서 말한 'SMART 원칙'을 활용하여 목표를 세우는 것이 좋다. 즉, 구체적이고^{Specific}, 측정 가능하며^{Measurable}, 달성 가능하고^{Achievable}, 현실적이며^{Relevant}, 시간 제한이 있는$^{Time-bound}$ 목표를 세우라는 것이다. 예를 들어, '한 달에 책 한 권 읽기', '매주 3번 30분씩 운동하기'처럼 구체적인 목표를 세워 보자. 이렇게 큰 목표를 작은 단계로 나누어 하나씩 달성해 나가는 과정을 통해 큰 성취감을 느끼고, 꾸준히 성장해 나갈 수 있다.

5. 자기 삶의 진정한 주인이 되라

마치 문을 열 수 있는 열쇠를 만드는 사람처럼, 자신의 숨겨진 재능과 아직 드러나지 않은 가능성을 발견하고, 그것을 잘 활용하여 새로운 기회를 스스로 만들어 내는 사람을 의미한다. 자신이 무엇을 잘하고 좋아하는지, 진정으로 무엇을 하고 싶은지 깊이 고민하고, 남이 시켜서 하는 것이 아니라 능동적으로 자신의 삶을 계획하고 만들어 나가는 태도가 중요하다.

둘째, 자신을 든든하게 지지해 주는 외부 환경을 만드는 것이다. 즉, 자신의 성장을 위한 튼튼한 발판을 마련하는 것이라고 할 수 있다. 외부 환경은 우리의 내면 상태에 직간접적으로 영향을 주고, 다양한 방식으로 우리 삶의 여러 측면에 영향을 미친다. 좋은 외부 환경은 다음과 같은 요소들로 이루어진다.

1. 긍정적인 영향을 주는 사람들과 좋은 관계를 맺으라

주변 사람들이 우리에게 미치는 영향은 정말 어마어마하다. 긍정적이고 나를 지지해 주는 사람들, 배우고 싶은 점이 많은 사람들과 좋은 관계를 맺는 것은 개인의 성장과 발전에 아주 큰 도움이 된다. "부자의 줄에 줄을 서라"는 말은 단순히 돈이 많은 사람들 하고만 어울리라는 뜻이 아니라, 긍정적이고 성공한 사람들의 생각하는 방식과 세상을 바라보는 태도를 배우라는 의미로 이해하는 것이 좋다. 서로에게 힘이 되어 주고 긍정적인 에너지를 주고받는 관계는 살면서 어려운 시기를 이겨내는 데 큰 힘이 된다.

2. 건강한 생활 습관을 만들어라

신체 활동은 단순히 몸 건강뿐만 아니라 마음 건강에도 좋은 영향을 준다. 규칙적인 운동은 스트레스를 효과적으로 해소해 주고, 긍정적인 감정을 더 많이 느끼도록 만들어 준다. 또한 그림 그리기, 음악 감상, 악기 연주, 등산, 여행 등 다양한 취미 활동은 우리의 삶에 활력을 더해 주고, 새로운 경험을 통해 세상을 보는 시야를 더욱 넓혀 준다.

3. 끊임없이 배우고 성장할 수 있는 환경을 만들어라

학교나 학원에서 받는 교육뿐만 아니라, 강연을 듣거나 좋은 책을 읽거나 새로운 곳으로 여행을 떠나는 등 다양한 학습과 성장의 기회를 적극적으로로 활용하는 것이 중요하다. 새로운 지식과 기술을 배우고 여러 가지 경험을 하면서 자신의 능력을 더욱 키울 수 있고, 이전에는 생각하지 못했던 새로운 가능성을 발견할 수 있다.

셋째, 과거에 얽매이거나 미래를 불안해하지 않고 지금 이 순간, 즉 현재를 즐기는 태도를 갖는 것이다. 이를 통해 우리는 진정한 삶의 가치를 발견할 수 있다. 이미 지나간 과거의 실패를 반복해서 후회하거나 아직 오지도 않은 미래에 대해 걱정하기보다 현재에 온전히 집중하는 태도는 행복한 삶을 살아가는 데 있어 중요한 요소다. 현재를 즐기는 태도는 다음과 같은 요소들을 포함한다.

1. 지금 이 순간에 온전히 집중하라

과거의 일들을 곱씹으며 후회하거나 앞으로 일어날 일에 대해 걱정하기보다는 지금 눈앞에 있는 일, 지금 이 순간에 집중하는 것이 중요하다. 현재 주어진 상황에 집중하고 내가 할 수 있는 일에 최선을 다하는 것은 더 만족스러운 삶을 살아가는 데 큰 도움이 된다.

2. 지금 내가 가지고 있는 것에 감사하는 마음을 가지라

현재 자신이 가지고 있는 것에 감사하는 마음은 긍정적인 마음을 유지하는 데 정말 큰 도움이 된다. 아주 사소한 것, 예를 들어 따뜻한 물로 샤워를 할 수 있다는 것, 맛있는 음식을 먹을 수 있다는 것, 사랑하는 사람들과 함께 시간을 보낼 수 있다는 것 등에 감사하는 마음을 가지기 시작하면 삶의 긍정적인 면을 훨씬 더 많이 발견하고 행복을 맛볼 수 있다. 감사는 현재의 만족도를 높이는 것은 물론, 미래에 대한 긍정적인 기대를 가지게 하는 중요한 감정이다.

오두막집에서 가난한 구두공의 아들로 태어난 사람이 있었다. 9세에 어머니가 세상을 떠났고, 15세에 집을 잃고 길거리로 쫓겨났으며, 23세에 사업에 실패하여 실직자가 되었다. 24세에 주 의회 의원에 출마했으나 낙선했고, 25세에 사업에 다시 실패하여 이후 17년간 빚을 갚아야 했다. 28세에 신경쇠약으로 입원을 했고, 30세에 주 의회 의장직에 도전했지만 낙선했으며, 35세에 하원의원에 도전했지만 또 낙선했고, 40세에 하원의원 재선거에 도전했으나 낙선했다. 47세에 상원의원 선거에 도전했으나 낙선했고, 50세에 상원의원 선거에 재도전했지만 낙선했다. 52세 때 대통령에 당선이 되었다. 이 사람이 미국의 16대 대통령 에이브러햄 링컨이다.

결국 '생활환경'은 긍정적인 내면 환경, 좋은 외부 환경, 그리고 현재를 즐기며 지속하는 태도가 조화를 이룰 때 완성되며, 이때 우리는 어려움을 극복하고 행복하고 성공적인 삶을 살아갈 수 있다.

KEY GUIDE 생활환경

1. 당신의 일상생활에서 가장 만족하는 3가지는 무엇인가요?

   1)   2)   3)

2. 더 행복하기 위해 꼭 필요한 3가지는 무엇인가요?

   1)   2)   3)

3. 10년 후 당신이 꿈꾸는 이상적인 생활환경을 구체적으로 적어 보세요.

   1) 집:

   2) 직장:

   3) 가족:

   4) 기타:

| KEY QUESTION 생활환경 |

1. 어떤 사람과 살고 싶나요?

우리들의 이야기

우리 주변에는 정말 다양한 종류의 사람이 있다. 그중에는 나에게 즐거움과 행복을 주는 사람, 함께하면 기쁜 사람, 어려울 때 찾아가 의지하고 싶은 사람, 힘이 되는 사람이 있는가 하면, 같이 있으면 불쾌하고 어려운 사람, 나에게 무언가를 바라는 사람들도 있다. 행복하고 즐거운 사람들하고만 살아갈 수 있다면 인생이 얼마나 순탄하겠는가. 그러나 그럴 수만은 없다는 사실을 나도 잘 알고 있다. 그래서 이왕 모든 종류의 사람들과 마주치고 부딪히며 살아가야 한다면, 내가 좋고 싫고를 떠나서 나를 필요로 하는 사람들 속에서 내가 할 수 있는 일, 내가 쓰임 받을 수 있는 일을 하며 살아가고 싶다. _유혜원

어떻게 보면 간단할 수도 있는 이 질문에 대해서 깊이 생각해 보면서, 함께 살고 싶은 사람이 가지고 있었으면 하는 특징들에 공통적으로 내재해 있는 무언가를 발견하게 되었다. 바로 서로 다르다는 걸 아는 사람이다. 그리고 조금 더 욕심을 부린다면 다름을 존중하고, 다름 속에서 재미를 찾고, 그걸 지켜 주려 하는 사람이면 더 좋겠다. 일반적으로 사람들은 나와 유사한 사람을 찾고, 그럼으로써 갈등을 최소화하는 걸 더 좋아한다. 수많은 다양한 사람 중에 비슷한 사람을 찾아낸다면 기쁜 것은 나도 마찬가지다. 그렇지만 이런 방식의 부작용은 '우리는 많은 부분에서 비슷하니까 상대방도 나와 크게 다르지 않을 거야'라고 생각하게 한다는 점이다. 이런 생각은 상대방을 있는 그대로의 모습으로, 입체적으로 알지 못하게 하고 단편적으로 느끼게 만든다. _이은영

2. 당신이 이룬 일 중에서 가장 자랑스러운 것은 무엇인가요?

우리들의 이야기

내가 지금까지 살아오면서 이룬 것 중 가장 자랑스러운 것은 번역 자격증을 취득한 것이다. 작년에 캐나다에 갔을 때, 몇몇 사람들은 짧은 기간 안에 할 수 있는 게 별로 없을 거라며 외국에 나가도 크게 다르지 않을 거라고 말했다. 하지만 나는 마음을 굳게 먹고 원하는 목표를 모두 성취하자고 다짐했다. 캐나다에 가서 다른 문화와 사람들을 만나 다양한 경험을 했지만, 제1의 목표였던 영어 실력을 늘리는 것에 집중했고 마침내 번역 자격증을 딸 수 있었다. 한편으로는 편안하게 쉬면서 한국 친구들과 어울리고도 싶었지만, 목표를 생각하며 새벽까지 공부한 끝에 결국 자격증을 취득할 수 있었고, 아주 뿌듯한 마음으로 한국에 돌아올 수 있었다. _이하경

내가 한 활동들을 쭉 나열했을 때 가장 자랑스럽다. 무엇을 위해서 한 것이 아니라 그냥 그때그때 하고 싶어서 했는데 그것들이 다 이어져 스토리가 될 때 기쁘다. 특히 그 활동들을 통해서 좋은 사람들을 많이 만났다는 것이 가장 자랑스럽다. 다양한 지역, 연령, 직업의 사람들을 만나면서 시야도 더 넓어지고 그로 인해 더 많은 사람들을 만나는 계기가 되었기 때문이다. 또한 학교에서 하는 해외탐방 프로그램을 최대치로 참가했다는 것이 자랑스럽다. 보통 학교 다니면서 한 번 참가하는 것도 쉽지 않은데 나는 두 번의 글로벌탐방단, 두 번의 해외봉사를 다녀왔다. 물론 자비도 들기는 했지만, 모든 해외 탐방에 장학금을 받아서 다녀왔다는 점이 자랑스럽다. _유은솔

3. 당신의 삶에서 지금까지 열정을 느끼게 한 것은 무엇이며, 지금 당신을 가장 가슴 뛰게 만드는 것은 무엇인가요?

우리들의 이야기

나를 흥분하게, 열정을 느끼게 하는 것은 내가 기획하고 마케팅한 결과에 대해 만족할 때다. 마케팅은 다른 것보다 즉각적인 반응을 얻을 수 있다는 특징이 있다. 내가 기획했던 플리마켓에 많은 사람들이 찾아와 주었고, 바이럴 영상을 많이 조회해 주었다. 특히 바이럴 영상이 1시간 단위로 몇십만 뷰를 달성할 때마다 정말 꿈만 같았다. 내가 실행한 일이 좋은 결과를 낳고 빠른 성장을 보인다면 그만큼 좋은 일은 없을 것이다. 나는 이런 짜릿한 희열을 맛보았기 때문에 기획과 마케팅이 좋고 앞으로도 더욱 이 분야에 도전하고 싶다. 이런 경험들은 나를 만족시키고 성장하게 하며 스스로 당당해질 수 있는 자신감을 높여 준다. 앞으로도 이런 희열을 더더욱 많이 느끼고 싶다. _이명아

영어를 배우는 것, 그리고 이와 관련한 모임을 나가고 세미나 등에 참석하는 것이 가장 열정 있는 모습을 갖게 했다. 영어를 배우면 내가 말할 수 있는 사람이 전 세계 사람들로 확대되고, 내가 습득할 수 있는 지식이 더 많아지며, 많은 것들을 더 쉽게 배울 수 있게 된다. 요즘 나는 새로운 사람을 만날 때 가장 흥분된다. 한국인이건 외국인이건 사람을 만나는 것이 내게 활력을 주고 나를 나답게 하는 것 같다. 이야기를 나누며 생각하지 못했던 부분을 발견하고 알아가는 과정이 흥미롭고 재미있다. _김하영

4. 바로 그 순간을 위해 온 힘을 다해 집중했던 때는 언제인가요? 또 완전히 내가 살아 있다고 느꼈던 때는 언제인가요?

우리들의 이야기

열정으로 잔뜩 부풀어 있을 때, 누군가가 톡 건드려 주면 시원하게 터지면서 살아 있다고 느끼는 것 같다. 항상 무엇인가를 하면 내가 할 수 있는 것을 모두 쏟아붓는 경향이 있어서 딱 '내가 온 힘을 다한 순간은 언제였는가?'라는 질문에 답하기가 어렵다. TV팀 일을 하면서 식사도 거르고 무거운 장비를 들고 종일 뛰어다니며 취재하는 경우가 많았는데, 항상 취재 후 기사가 나가면 그 기사를 스크랩할 때 성취감을 크게 느꼈다. 또 World Top News에 한국지사에서 내보낸 기사가 등재될 때 더더욱 성취감을 느꼈다. _유은솔

한국무용을 배우며 무대에 오르기 위해 여름방학의 모든 시간을 쏟아부었다. 무용과가 아니기에 기초가 없었던 나는 통학하는 지하철 안에서 연습 동영상을 보고 또 봤다. 에어컨도 없는 지하 연습실에서 몸에 습진이 생길 정도로 연습했다. 그렇게 해서 8분이 넘는 입춤을 외우고 다듬을 수 있었다. 그리고 암사유적지 야외공연장에서 첫 데뷔무대를 가졌다. 하늘로 손을 뻗는 마지막 동작을 하는데, 사람들의 진심 어린 박수 소리와 내 손에 맞닿은 태양이 나를 살아 있게끔 하는 것 같았다. 그 이후에도 무대에 설 수 있는 기회가 몇 번 더 주어졌다. 국세청 봉사팀과 함께 요양원을 방문해 위로공연을 하기도 했다. 어떤 어르신께서 올해 가장 즐거웠다는 말씀을 해주셨을 때 아주 기뻤다. 내 전공인 심리학과 한국무용을 연계한 무용심리치료로 더 많은 사람들의 아픔을 치유해 주고 싶다. _조유진

| REFLECTION QUESTION 생활환경 |

1. 당신이 타고난 최고의 자원은 무엇인가요?
    - 당신의 강점이나 재능은 무엇이라고 생각하나요?

2. 어떤 환경에서 당신의 능력이 가장 잘 발휘되나요?
    - 어떤 조건에 있을 때 가장 효과적으로 일할 수 있나요?

3. 지금 무엇에 가장 집중하고 있나요?
    - 자신, 타인, 일, 꿈 등 무엇에 주로 신경을 쓰고 있나요?

4. 지금 최상의 상태라면 무엇을 하고 싶나요?
    - 어떤 행동이 당신을 더 나은 방향으로 이끌 수 있을까요?

5. 여유로운 시간에는 무엇을 하며 보내나요?
    - 그 시간이 당신에게 어떤 의미가 있는지 생각해 보세요.

6. 당신의 취미는 무엇인가요?
   - 그 취미를 누구와 함께 즐기나요?

7. 현재 당신의 삶은 어떤 상태인가요?
   - 안정적인 삶을 위해 어떤 노력을 할 수 있을까요?

8. 생활환경에서 가장 만족스러운 부분은 무엇인가요?
   - 가족, 일, 돈, 건강 등에서 가장 행복한 부분은 무엇인가요?

9. 현재 당신의 스트레스 수준은 어떤가요?
   - 스트레스가 줄어든다면 어떤 변화가 있을까요?

10. 이상적인 환경에서 일할 때와 비교해 지금은 어떤 상태인가요?
    - 현재 자신의 에너지와 집중도를 평가해 보세요.

일

당신이 어디에서 어떤 일을 하든
그 일에는 목적이 있고 의미가 있다.

일은 어떤 것일까? 오랫동안 즐겁게 하고 싶은 것, 자신을 움직이는 것, 역할, 사명 등 다양한 대답이 나올 수 있다. 미국의 경영학자인 존 버드(John W. Budd)가 「나에게 일이란 무엇인가」에서 제시한 일의 10가지 정의를 바탕으로 일이 무엇인지 함께 배워 보자.

1. 일은 저주다

일하고 싶은지, 놀고 싶은지는 누구나 한 번쯤 생각해 보는 질문이다. 성경에는 아담이 범죄 후 땅에서 노동하는 저주를 받았다는 이야기가 나온다. 이는 인간이 땀 흘려 일해야 먹고살 수 있음을 의미한다. 한 베스트셀러 작가는 사람들이 자신을 알아주는 것이 가장 행복하지만, 역설적으로 글 쓰는 일이 가장 싫다고 했다. 어떤 대기업의 공장에서 일하는 직원은 배우자와 자녀, 동창들에게 인정받을 때 만족하지만, 출근하여 작업복을 입는 것을 가장 힘들어했다. 높은 급여와 복지 혜택은 좋지만, 정작 일하는 과정은 싫어하는 것이다. 사람마다 하기 싫은 일은 다르지만, 일이 없는 은퇴자들에게는 일 자체가 그리움의 대상이 되기도 한다. 즉, 일은 때로는 저주처럼 느껴지지만, 동시에 삶의 중요한 부분을 차지한다. 인정받고 높은 보수를 받는 것은 좋지만, 그 과정은 힘들 수 있다. 하지만 일을 통해 얻는 사회적 관계와 성취감은 삶의 중요한 가치다. 결국 일은 피할 수 없는 삶의 일부이며, 그 의미는 개인마다 다르게 해석될 수 있다.

2. 일은 자유다

일이 우리를 자유롭게 하는 것에는 어떤 게 있을까? 돈 쓸 자유, 퇴근 이후의 자유…. 혹은 없는 일로부터 있는 일로 탈출일 수도 있을 것이다. 취준생의 경우 감옥 같은 취업 준비의 시간으로부터 자유를 얻을 것이며, 부모님이나 친지들이 지켜보는 초조함으로부터 자유를 느낄 것이다. 또한 경제적 자유도 누릴 수 있을 것이다. 일을 통해 얻은 수익으로 원하는 것을 구매할 수 있는 자유를 갖게 되어 좋아하는 옷, 음식, 여행은 물론이고 교육, 새로운 기술, 관계를 넓힐 수도 있다. 나아가 진정으로 원하는 것을 할 수 있는 자아실현의 자유도 얻을 수 있을 것이다. 다니엘 핑크$^{Daniel\ H.\ Pink}$의 책 「드라이브」에서는 사람을 움직이는 힘인 자율성^{autonomy}의 중요성을 강조한다. 사람은 누구나 스스로 자유롭게 결정하고 행동하며 자기가 하고 싶은 일을 할 때 몰입도와 성과가 높다는 것이다. 즉, 사람은 일을 통해 자신의 존재를 발견하고, 삶의 의미와 목적을 설정하며, 사회와 연결되고, 자신이 원하는 자아실현을 이루는 자유를 경험할 수 있다는 것이다.

3. 일은 상품이다

"당신이 하는 일은 어떤 상품 가치가 있는가?", "무엇을 팔고 싶은가?"라는 질문은 당신의 재능 중 어떤 것을 일, 즉 상품으로 세상에 내놓고 싶은지 묻는 것과 같다. 우리가 하는 일은 파워블로그 운영, 화보 촬영, 통역, 글쓰기 등 다양한 형태로 상품화될 수 있다. 우리가 일을 하고 그 대가로 돈을 받는 것은 마치 빵을 구워 팔고 돈을 받는 것과 같은 이치다. 즉, 모든 일에는 가격이 매겨져 있다. 이 가격, 즉 보수는 시장의 원리에 따라, 특히 일자리를 찾는 사람들의 수와 그 일을 필요로 하는 사람들의 수, 즉 수요와 공급에 따라 결정된다. 많은 사람들이 필요로 하는 일, 즉 수요가 많은 일은 자연스럽게 급여가 높아지고, 찾는 사람이 적은 일은 급여가 낮아진다. 또한 일의 종류와 난이도에 따라서도 가치가 달라진다. 누구나 쉽게 할 수 있는 일보다는 어렵거나 특별한 기술이나 지식이 필요한 일은 보통 더 많은 보수를 받는다. 예를 들어 의사, 변호사, 회계사 등은 높은 보수를 받는 직업의 대표적인 예시다. 이처럼 "일은 상품이다"라는 개념은 우리가 일하고 그 대가로 돈을 받는 과정을 마치 물건을 사고파는 상품 거래처럼 표현한 것이다.

4. 일은 직업 시민권이다

"일은 직업 시민권이다"라는 정의는 노동을 단순한 돈벌이 이상으로, 사회 구성원으로서의 권리와 의무를 행사하는 중요한 활동으로 본다는 의미다. 이것은 시민이 의무를 다하는 조건으로 보호를 받는 것처럼, 일하는 사람도 직업 활동을 통해 권리를 누리고 책임을 다하는 것을 의미한다. 직업 시민권은 크게 세 가지 측면, 즉 권리, 의무, 사회적 인정으로 나뉜다. 권리의 측면에서, 일하는 사람은 정당한 임금, 안전한 환경, 차별받지 않을 권리, 적절한 휴식과 휴가를 누릴 권리를 가진다. 이는 시민의 투표권처럼 노동 환경과 조건에 대한 권리를 주장하고 보호받는 것과 같다. 의무의 측면에서, 일하는 사람은 성실한 노동, 법규 준수, 사회 공헌의 의무를 지닌다. 이는 시민의 납세 의무처럼, 노동을 통해 사회 유지와 발전의 책임을 다하는 것이다. 사회적 인정의 측면에서, 일하는 사람은 자아실현, 사회적 네트워크 구축, 사회적 지위 획득 및 존중받을 권리를 가진다. 이는 시민이 국가로부터 보호받고 인정받는 것과 같다. 결론적으로, 이 정의는 노동을 생계유지의 수단만이 아닌, 사회 참여, 권익 보호, 사회적 인정의 관점에서 보도록 강조한다. 이는 모든 사람이 존엄하게 일하며 사회에 기여하고 권리와 책임을 다하는 사회를 지향함을 보여준다.

5. 일은 비효용이다

"일은 비효용이다"라는 정의는 일에서 얻는 만족이나 긍정적인 효과보다 일하는 과정에서 발생하는 부정적인 측면이 더 크다고 보는 관점이다. 이는 일을 단지 돈을 벌기 위한 수단으로만 여기고, 일 자체에서는 어떤 즐거움이나 만족도 느끼지 못할 때 나타나는 생각이다. 예를 들어, 하기 싫은 일을 억지로 하거나, 반복적인 업무에 지치거나, 과도한 스트레스를 받을 때 이런 생각을 할 수 있다. 이러한 관점에서는 일하는 시간과 쉬는 시간이 명확하게 분리된다고 여긴다. 또한 우리가 받는 월급만이 일의 가치를 결정하는 유일한 요소가 된다. 즉, "일은 비효용이다"라는 말은 일에서 얻는 긍정적인 경험보다 부정적인 경험이 더 크다고 느끼는 상태를 의미한다. 이러한 관점은 조직행동론의 X이론, Y이론과 관련지어 생각해 볼 수 있다. X이론은 사람들이 본질적으로 일을 싫어하고 통제가 필요하다고 가정한다. 반면 Y이론은 적절한 동기만 부여되면 스스로 일을 하고 싶어 한다고 가정한다. 어떤 이론이 더 현실에 부합하는지는 상황에 따라 다르다. 하지만 현대 사회는 사람을 존중하고 능력을 발휘하도록 돕는 방향으로 변화하고 있다. 적절한 관리는 여전히 필요하지만, 인간 중심적인 접근이 더욱 중요해지고 있다. "일은 비효용이다"라는 관점은 조직 문화와 사람들의 일에 대한 태도를 이해하는 데 중요한 시사점을 제공한다.

6. 일은 자기실현이다

"일은 자기실현이다"라는 정의는 일을 통해 개인의 잠재력을 실현하고 삶의 의미를 찾는 과정을 의미한다. 과거 수업에서 만났던 학생들이 일에 대해 말했던 "쓰는데 채워지는 것", "내 존재의 목적과 부합하는 삶"과 같은 심오한 답들이 떠오른다. 이처럼 일에서 경험하는 자기실현의 방식은 지극히 개인적인 차이를 보인다. 어떤 이에게는 창작 활동이 자기실현의 중요한 수단이 될 수 있고, 다른 이에게는 타인을 돕는 봉사 활동이 그 역할을 할 수 있다. 중요한 것은 자기실현은 외부의 강요나 지시로 이루어지는 것이 아니라는 점이다. 자기실현은 오롯이 개인의 내면에서 우러나오는 자발적인 동기에 의해 추구되는 가치다. 즉, 외부의 평가나 보상에 의한 것이 아니라, 내면의 만족과 성장을 목표로 한다. 일을 통해 자신의 가치관을 실현하고, 능력을 발전시키며, 궁극적으로 삶의 의미를 발견하는 것이 바로 일에서의 자기실현이라 할 수 있다. 당신에게 일은 어떤 의미인가? 당신은 일을 통해 무엇을 실현하고 싶은가? 당신의 일은 당신의 내면과 어떤 연결고리를 가지고 있는가? 이러한 질문들을 스스로에게 던져 보는 것이 자기실현으로 나아가는 첫걸음이 될 것이다. 결국, 일은 단순한 생계유지 수단을 넘어, 개인의 성장과 행복을 위한 자아실현의 여정이 될 수 있다.

7. 일은 사회적 관계다

"일은 사회적 관계다"라는 정의는 일이라는 활동이 개인과 개인, 개인과 조직 간의 관계 속에서 이루어진다는 점을 강조한다. 일을 할 때 우리는 단순히 주어진 업무만 수행하는 것이 아니라, 다양한 사람들과 관계를 맺고 영향을 주고받는다. 많은 사람들이 '그냥 내 일만 열심히 하면 된다'라고 생각하기 쉽지만, 사실 일은 복잡한 관계의 그물망 속에서 이루어진다. 관계는 닫혀 있기도 하고, 긴밀하게 이어져 있기도 하다. 마치 실처럼 너무 강하면 끊어지고 너무 약하면 느슨해지는 속성을 지닌다. 직장 동료와의 관계, 상사와의 관계, 고객과의 관계 등 다양한 관계 속에서 우리는 끊임없이 상호작용한다. 이러한 관계는 때로는 협력과 지지의 기반이 되기도 하지만, 때로는 갈등과 스트레스의 원인이 되기도 한다. 따라서 일 속에서 발생하는 다양한 관계를 어떻게 관리하고, 어떻게 긍정적인 방향으로 이끌어 갈지 고민하는 것은 매우 중요한 일이다. 효과적인 소통, 상호 존중, 공감 능력 등은 건강한 직장 관계를 형성하는 데 필수적인 요소다. 단순히 업무 능력 향상에 집중하는 것뿐 아니라, 주변 사람들과의 관계를 어떻게 맺고 유지할 것인지 고민하는 것이 성공적인 직장 생활의 중요한 열쇠가 될 수 있다. 일은 단순히 돈을 버는 행위를 넘어, 사회적 관계를 형성하고 발전시키는 중요한 기회임을 인식해야 한다.

8. 일은 보살핌이다

"일은 보살핌이다"라는 정의는 일이 단순히 노동이나 의무를 넘어, 누군가에 대한 애정과 관심, 즉 보살핌의 마음을 담고 있음을 의미한다. 이 개념을 이해하기 위해 어머니의 모습을 떠올려 보자. 어머니가 가족들을 위해 정성껏 식사를 준비하는 모습을 상상해 보라. 어머니는 가족들을 '식

충이'라고 여기며 마지못해 밥상을 차리는 것이 아니다. 오히려 가족들의 건강과 행복을 바라는 마음, 사랑과 헌신의 마음으로 음식을 준비한다. 따뜻한 밥 한 끼에는 가족을 향한 어머니의 깊은 사랑과 보살핌이 담겨 있다. 이처럼 일은 단순히 돈을 벌기 위한 수단이 아니라, 사랑과 정성을 쏟는 행위가 될 수 있다. 자신이 하는 일에 애정을 가지고, 그 일을 통해 다른 사람들에게 긍정적인 영향을 줄 수 있다면, 그것은 곧 보살핌의 행위라고 할 수 있다. 예를 들어, 교사는 학생들을 가르치는 일을 통해 그들의 성장과 발달을 보살피고, 의사는 환자를 치료하는 일을 통해 그들의 건강을 보살핀다. 이처럼 다양한 직업에서 우리는 보살핌의 가치를 발견할 수 있다. 일을 통해 세상에 기여하고 다른 사람들을 돌보는 것은 인간적인 가치를 실현하는 중요한 방법 중 하나다. 그러므로 일을 단순히 의무적인 노동으로만 생각하지 않고 사랑과 정성을 담아 보살필 때, 우리는 더 큰 만족감과 행복을 느낄 수 있을 것이다. '당신의 일은 누구를 보살피고 있는가?' '당신의 일은 어떤 사랑을 담고 있는가?' 이러한 질문들을 통해 당신의 일에 담긴 진정한 의미를 되새겨 볼 수 있을 것이다.

9. 일은 정체성이다

"일은 정체성이다"라는 정의는 일이 개인의 자아를 구성하는 핵심 요소 중 하나임을 의미한다. 즉, 단순히 생계를 유지하는 수단을 넘어, 자신이 누구인지를 나타내는 중요한 지표가 된다는 것이다. 어떤 사람들에게는 일이 곧 '나 자신, 나의 모든 것'이라고 여겨질 만큼 깊은 의미를 지니기도 한다. 이는 마치 자신의 존재 이유이자 삶의 목적, 즉 사명^{calling}과 같은 의미로 받아들여지는 경우와 같다. 이러한 관점은 막스 베버$^{Max\ Weber}$의 "프로테스탄트 윤리와 자본주의 정신"과도 연결지어 생각해 볼 수 있다.

프로테스탄트 윤리에서는 직업 노동을 신의 소명으로 여기는 직업 소명설을 강조하는데, 이는 일이 단순히 경제적인 활동을 넘어 신앙적인 의미를 지니는 것으로 해석될 수 있다. 이처럼 일은 개인의 가치관, 신념, 그리고 삶의 방식과 밀접하게 연결되어 있으며, 개인의 정체성을 형성하는 데 중요한 역할을 한다. 자신이 하는 일을 통해 사회에 기여하고, 자신의 능력을 발휘하며, 삶의 의미를 찾을 때 우리는 일에서 깊은 만족감과 자아실현을 경험할 수 있다. 반대로 자신의 가치관과 일치하지 않는 일을 하거나 일에서 의미를 찾지 못할 경우 정체성 혼란을 겪을 수도 있다. 따라서 자신에게 맞는 일을 선택하고, 일에서 의미를 찾는 것은 개인의 행복과 직결되는 중요한 문제다. '당신의 일은 당신에게 어떤 의미인가?' '당신의 일은 당신의 정체성을 어떻게 나타내는가?' 이러한 질문들을 통해 당신의 일과 당신의 삶을 되돌아볼 수 있을 것이다. 결국, 일은 단순한 노동을 넘어 자신의 정체성을 표현하는 중요한 수단이 될 수 있다.

10. 일은 봉사다

"일은 봉사다"라는 정의는 일의 의미를 확장시켜서 일이 단순히 돈을 버는 행위를 넘어 타인을 섬기는 봉사의 가치를 내포함을 보여 준다. 이는 일이 개인의 이익을 추구할 뿐 아니라 사회에 긍정적인 영향을 미칠 수 있음을 의미한다. 우리 주변에서 쉽게 찾아볼 수 있는 부모님의 모습을 통해 이 개념을 명확히 이해할 수 있다. 부모님은 겉으로는 자신이나 회사를 위해 일하는 것처럼 보일 수 있다. 하지만 더 넓은 시각으로 보면, 그들의 노동은 가족을 위한 헌신적인 봉사 활동과 같다. 자녀들의 교육, 성장, 그리고 안정적인 생활을 뒷받침하기 위해 경제적인 지원은 필수적이다. 부모님은 일을 통해 이러한 책임을 다하며 가족이라는 공동체를 섬기는 역할을 수행하는 것이다. 이처럼 일은 개인적인 차원을 넘어 가족이라는 작은 공동체에 봉사하는 행위가 될 수 있다. 더 나아가, 일은 지역사회나 국가, 그리고 더 넓게는 인류 전체를 위한 봉사의 형태를 띨 수도 있다. 의료인은 환자를 돌봄으로써 건강한 사회를 만드는 데 기여하고, 교육자는 학생들을 가르침으로써 미래 사회의 발전에 이바지한다. 이처럼 다양한 직업과 역할 속에서 우리는 봉사의 가치를 발견할 수 있다. 결국, 일은 개인의 삶을 풍요롭게 할 뿐만 아니라 타인과 사회를 섬기는 숭고한 행위이며, 세상에 긍정적인 영향을 미치고자 하는 마음이다. 이것이 바로 일에 담긴 봉사의 정신이다.

지금까지 우리는 일에 대해 총 10가지 정의를 살펴보았다. 일에 대한 정의는 개인마다 다를 수 있다. 중요한 것은 이러한 정의 중 어느 하나만이 절대적으로 중요한 것이 아니라, 이 모든 요소가 우리가 하는 일 속에 조금씩 스며들어 있다는 점이다. 앞으로 당신이 마주하게 될 일들이 많을 것이라고 예상된다. 그 일을 하면서 불안이나 분노와 같은 부정적인 감정이 마음속에 밀려올 때, 종이에 자신의 감정을 솔직하게 적어 보는 것이 좋다. 마음속에서 일어나는 혼란스러운 생각들을 글로 옮겨 적는 행위는 감정을 객관적으로 바라보고 정리하는 데 도움을 줄 수 있다. 이러한 과정을 통해 어느 순간 '내가 왜 이런 감정에 휩싸여 있었지?' 혹은 '나에게는 더 중요한 일이 있는데'라는 깨달음을 얻을 수 있다. 불필요한 감정들을 떨쳐내고 진정으로 하고 싶은 일, 좋아하는 일들을 다시 한번 생각해 보고 정리하는 것이 중요하다. 계속해서 부정적인 감정에 사로잡히는 대신, 자신의 환경을 스스로 변화시키려는 적극적인 자세가 필요하다. 만약 현재 마음에 들지 않는 일을 당장 그만둘 수 없는 상황이라면, 그 일을 묵

묵히 수행하면서 동시에 다른 돌파구를 찾기 위해 노력해야 한다. 현재의 어려움 속에서도 성장의 가능성을 발견하고, 새로운 기회를 모색하는 지혜가 필요하다. 또한 자신이 하는 일에서 인정받고 싶다면, 먼저 그 일을 사랑하는 마음을 가져야 한다. 긍정적인 마음은 또 다른 긍정적인 결과를 불러오는 원동력이 되기 때문이다.

"생각이 바뀌면 행동이 바뀌고, 행동이 바뀌면 습관이 바뀌고, 습관이 바뀌면 성품이 바뀌고, 성품이 바뀌면 운명이 바뀐다."(윌리엄 제임스)

KEY GUIDE 일

1. 당신의 강점을 발현하여 가장 잘할 수 있는 일 3가지는 무엇인가요?

   1)

   2)

   3)

2. 당신이 생각하는 일의 의미를 적어 보세요.

   1)

   2)

   3)

3. 지금 하는 일이 좋은 이유는 무엇인가요?

   1)

   2)

   3)

4. 10년 후 당신이 가장 이루고 싶은 일 3가지는 어떤 것인가요?

   1)

   2)

   3)

| KEY QUESTION 일 |

1. 당신이 해왔던 모든 역할 중에서 가장 잘 맞았던 것은 무엇인가요? 그 이유는 무엇인가요?

우리들의 이야기

여행을 가기 전 모든 것을 계획하고, 여행을 다닐 때도 직접 이끌고 가는 역할이 잘 맞았다. 나는 원래 어떤 일을 하기 전에 굉장히 꼼꼼하게 계획하는 편이다. 여행을 가게 될 때도 그 전에 교통편부터 숙박, 관광명소까지 하루의 일정을 모두 예상해 보고 간다. 중학교 때 친구들이랑 명동을 놀러 가기로 했는데, 처음 가보는 곳이었기에 인터넷에 나와 있는 명동 지도를 손으로 직접 그려서 간 적도 있었다. 또한 낯선 곳에 가더라도 핸드폰으로 지도를 잘 찾아다녀서 친구들 사이에서도 '인간 내비게이션'으로 불린다. 이렇게 여행을 가기 전에 꼼꼼하게 계획하는 습관은 아빠의 영향을 많이 받았다. 주말이 되면 서울 나들이라도 가는 우리 가족은 항상 아빠의 계획하에 편하게 다녀올 수 있었다. 아빠는 인터넷이나 TV를 통해 가고자 하는 곳에 대한 정보를 꼼꼼하게 메모해 놓으셨다. 그런 모습을 보고 자라면서 나 역시 그런 습관이 생겼다. 그러다 보니 나와 함께 여행하는 사람들도 나에게 모든 것을 맡기고 신뢰한다. _이진주

해왔던 역할 중에서 가장 잘 맞았던 것은 일을 직접 계획하고 사람들의 업무를 분담하고 책임, 조정하는 역할이었다. 어떤 일을 할 때에 수동적으로 내게 일이 주어질 때까지 기다리는 것을 좋아하지 않는다. 앞으로 어떤 계획을 잡고 일을 해 나가야 할지, 어떤 사람이 어떤 일을 해야 가장 효율적일지 생각하고 참여자들 모두가 자신의 역할에 충실하도록 돕는 것을 잘한다고 생각한다. 또한 다른 구성원들이 서로 협력할 수 있도록 조정하는 역할도 잘하는 편이다. 이렇게 생각하는 이유는 여태까지 팀 과제나 공모전 등에서 다른 사람들과 함께 일을 할 때, 주도적이고 능동적으로 목표를 잡고 계획을 세워서 모두가 그것을 지킬 수 있도록 독려해 왔기 때문이다. 또한 팀 안에서 갈등이 있을 때마다 중간 조정자의 역할을 하면서 서로의 불만 사항을 해결하고, 각자의 입장을 배려할 수 있도록 노력해 대부분의 팀 프로젝트가 잘 마무리될 수 있었다. _이하경

2. 당신의 가치와 서비스를 가장 잘 이해하고 구매할 고객은 어떤 사람인가요?

우리들의 이야기

나의 가치와 서비스를 가장 잘 이해하고 구매할 고객은 계획 세우기를 어려워하는 사람, 상대방에게 먼저 다가가지 못하는 사람, 나보다 '우리'의 가치를 아는 사람이라고 생각한다. 우선 일을 시작하기 전에 계획을 꼼꼼하게 세우는 성향이기 때문에 계획 세우는 데에 어려움이 있는 사람에게 필요하다고 생각한다. 또한 사람들과 있을 때 어색한 분위기가 싫어서 먼저 말을 걸고, 처음 보는 사람들과도 공통점을 찾아내어 공감할 수 있는 방향으로 이야기를 이끌어 가는 편이다. 이러한 사교성은 상대방에게 먼저 다가가지 못하는 사람들에게 꼭 필요하다고 생각한다. 마지막으로 나는 공동체에서 가장 중요한 것이 협력이라고 생각한다. 따라서 나보다 '우리'의 가치와 힘을 아는 사람이 나의 가치와 서비스를 가장 잘 이해할 것이라고 생각한다. _이진주

내 가치는 감사, 책임감, 그리고 진실함에 있다. 이로부터 파생하는 서비스는 맡은 일에 끝까지 최선을 다하는 것, 요령을 피우거나 요행을 바라지 않고 처음부터 끝까지 진심과 성실로 임하는 자세, 맡겨진 일에 감사하고 만족하며 그에 부응하는 결과를 내려는 노력이다. 이를 잘 이해하고 구매할 고객이라면 아마 짧은 시간에 큰 성과 혹은 도약을 꿈꾸기보다 진득하고 꾸준한 성장에 관심이 있는 사람일 것이다. 또한 결과의 크기와 양에 집착하지 않고, 결과가 어떻든 그 결과가 나오기까지의 충실함과 노력에 중점을 둔 사람일 것 같다. _유혜원

3. 당신을 즐겁고 기분 좋게 하는 것은 어떤 종류의 역할 또는 일인가요? 무엇이 당신을 푹 빠져들게 하나요?

우리들의 이야기

나는 사람들과 함께 일하는 것을 좋아한다. 엑셀 정리, 그래프 분석, 동향 분석 등 혼자서 하는 일을 별로 즐겨 하지 않는 편이다. 여러 직무를 경험해 본 결과 사람들과 함께 의견을 나누어 문제점을 해결하거나 업무를 수행하는 것이 즐거웠다. 그 속에서 리더의 역할보다는 팔로워의 역할 수행을 더 좋아했다. 의견도 내면서 리더와 다른 구성원들 간의 의견 조율을 하는 것도 즐거웠다. 내 도움이 합해져 성과가 나왔을 때 뿌듯함을 느낀다. 이처럼 내가 즐거워하는 일에 많은 에너지와 열정을 쏟는다. _배경진

나를 즐겁고 기분 좋게 하는 일은 운동이다. 나는 한강 라이딩을 즐긴다. 마음이 답답하거나 생각할 일이 많으면 바람을 쐬기 위해 자전거를 타고 나간다. 최근 들어 가슴이 답답하다는 생각이 많이 들었다. 바로 어제, 라이딩을 가기로 결심했다. 생각지도 않게 비가 쏟아졌고, 라이딩을 포기해야 하나 한참 고민했다. 비 오는 날 라이딩을 해본 적이 없었기에 위험하지는 않을까 걱정됐다. 이것저것 생각하다가 도전이라도 해보자는 생각으로 당장 나갔다. 우비를 사고 태릉 입구에서부터 뚝섬을 향해 달렸다. 오랜만에 하는 라이딩이라 그런지 허벅지에 무리가 많이 왔고, 뚝섬까지 갈 수 있을까 생각했지만 포기하지 않고 비를 뚫으며 달렸다. 잔디밭에 앉아 음료수 한 잔 마시며 구경하는 뚝섬의 야경은 너무나 황홀했다. 역시 운동은 중간에는 힘들지만 마지막에 느끼는 짜릿함이 대단하다. _이명아

4. 목표를 이루기 위해 자신이 변해야 하는 것 3가지는 무엇인가요?

우리들의 이야기

첫 번째는 자신을 사랑하는 마음이다. 나는 내 자신을 너무 사랑하고 소중하게 여긴다. 그래서 괜히 하기 싫어서 앓는 소리를 하고 있는 내 자신에게도 관대한 잣대로 스스로를 풀어놓는다. 하지만 내가 원하는 일을 하며 살려면, 이러한 잣대는 도움이 되지 않는다는 것을 알기에 나 스스로에 대한 잣대를 엄격하게 잡아야 한다고 생각한다. 두 번째는 지나치게 현재 지향적이라는 것이다. 현재 행복하고 편하다면 만사가 다 괜찮다는 안일한 생각을 할 때가 있다. 하지만 어떤 일이든 현재로 만족하는 일은 없다. 그렇기에 미래의 나의 모습을 위해서는 지금은 조금 힘들지라도 부족한 것들을 채우며 나아가야 한다고 생각한다. 마지막은 남의 시선을 생각하는 습관이다. 살다 보면 자신보다 더 뛰어난 사람을 많이 만난다. 하지만 내가 살아가는 시간은 나만의 인생이기 때문에 다른 사람의 시선에 상관없이 살아야 한다고 생각한다. 그렇기에 다른 사람을 이기려고 하거나 남에게 좋아 보이는 것을 하기보다는, 자기 자신을 이길 수 있고 자신에게 맞는 목표를 세우는 습관을 가져야 한다고 생각한다. _조해리

목표를 이루기 위해서 변해야 하는 세 가지는 추진력, 지속력, 자기 확신이다. 나는 목표를 설정할 때뿐 아니라 계획을 짤 때도 꼼꼼하게 하나하나 따져가면서 준비하는 편이다. 하지만 계획을 실행하는 과정에서 항상 차질이 생기곤 한다. 계획을 실행하기 전에 부족함이 없는지 너무 꼼꼼하게 검토하고 실행 전에 걱정이 너무 많아 스스로 추진력이 부족하다고 느낄 때가 많다. 계획을 실행해도 일주일이 지나면 곧 고비를 맞게 된다. 이 때문에 지속적으로 이어지는 것이 매우 어렵고, 계획을 실행하는 중간중간에도 지금 잘하고 있는 것인지, 잘할 수 있을지 끝없이 걱정한다. 이러한 걱정은 스스로에 대한 확신이 없기 때문이라고 생각한다. 이런 부분이 충족된다면 목표 달성이 더욱 수월할 것이다. _정세하

REFLECTION QUESTION 일

1. 어렸을 때, 어른이 되면 어떤 직업을 가지고 싶었나요?
- 어떤 역할이 매력적으로 느껴졌나요?

2. 어떤 일이나 역할이 당신을 즐겁고 기분 좋게 하나요?
- 무엇이 당신을 그 일에 푹 빠져들게 하나요?

3. 당신이 추구하는 인생의 목적에 딱 맞는 일은 무엇인가요?
- 그 일을 통해 어떤 목표를 이루고 싶나요?

4. 지금까지 했던 일 중 가장 만족스러웠던 것은 무엇이었나요?
- 무엇이 그 일을 특별하게 만들었나요?

5. 어떤 것들이 당신에게 지속적인 만족을 주나요?
- 그 이유는 무엇인가요?

6. 당신이 해왔던 모든 역할 중에서 가장 잘 맞았던 것은 무엇인가요?
   • 그 이유는 무엇인가요?

7. 일을 선택할 때 가장 중요하게 생각하는 것은 무엇인가요?
   • 그 이유는 무엇인가요?

8. 이상적인 팀을 상상해 보세요. 그 팀에는 누가 있나요?
   • 각각의 사람들은 어떤 역할을 맡고 있나요?

9. 이 팀에서 당신의 역할은 무엇인가요?
   • 당신은 어떤 역할을 기대하나요?

10. 조직(회사, 기관, 학교)의 어떤 점이 당신을 움직이게 하나요?
    • 어떤 일에 열정을 느끼나요?

돈

돈을 버는 것에서 나아가
당신 자신을 위해, 가족과 이웃을 위해 잘 사용할 때
돈은 더 큰 가치로 돌아올 것이다.

현대인의 삶에서 가장 큰 위협은 무엇일까? 많은 이들이 주저하지 않고 '돈'이라고 답할 것이다. 현대 사회에서 돈은 단순한 교환 수단을 넘어, 삶의 질과 방향을 결정짓는 중요한 요소로 자리 잡았다. 황금만능주의가 팽배한 이 시대에 '돈'은 편리하고 소중한 것을 넘어, 때로는 위험한 존재로 변질되었다. 심지어 인간의 생명보다 '돈'을 중시하는 사회에서는 살인, 강도, 납치, 인신매매 같은 끔찍한 범죄가 끊이지 않으며, 국가 간의 분쟁마저 '돈'으로 인해 발생하고 있다.

돈에 대한 인식은 사람마다, 상황마다 다르다. 학생들에게 "돈은 무엇인가?"라는 질문을 던졌을 때, "나에게 부족한 것", "없으면 힘든 것", "많으면 많을수록 좋은 것", "필요한 것", "행복을 주는 것", 심지어 "사람들을 피폐하게 만드는 것" 등 여러 답변이 나왔다. 이처럼 돈은 사람마다 다른 의미를 지니고 있다. 본래 돈은 사람들 사이의 재화 유통을 위한 편리한 교환 수단으로 시작되었다. 그러나 오늘날 돈은 단순한 물건의 교환을 넘어 사람의 생각, 마음, 인격까지 사고파는 도구로 전락했으며, 심지어 신체 매매의 수단으로까지 악용되고 있다. 이제 '돈'은 그 어떤 것보다 무서운 존재가 된 듯하다. 그러나 돈 자체에는 선악이 없다. 돈의 가치는 그것을 어떻게 사용하는지에 따라 달라질 뿐이다.

우리는 왜 '돈'을 필요로 하는가? 인간은 돈을 통해 기본적인 생계를 해결하고, 자아를 실현하는 삶을 영위할 수 있다. 돈이 있으면 원하는 물건을 풍족하게 얻을 수 있고, 양질의 교육을 받을 수 있으며, 안전한 의식주를 확보하고, 자유로운 여행과 풍요로운 삶의 여유를 누릴 수 있다. 이는 개인뿐 아니라 조직과 국가에도 적용된다. 재정이 부족한 국가의 국민은 국가로부터 충분한 보호를 받지 못한다. 개인과 사회, 더 나아가 국가를 움직이는 데에도 돈은 필수적이다. 반면, 돈이 부족한 개인과 조직은 어려움에 직면하게 된다. 돈의 많고 적음이 개인의 사회적 지위를 결정짓기도 하며, 어떤 이에게는 훈장이 되지만 다른 이에게는 족쇄가 될 수 있다. 그 누구도 돈으로부터 완전히 자유로울 수 없다는 것은 분명하다.

모두가 필요로 하고 원하는 이 돈을 어떻게 얻을 수 있을까? 돈을 얻는 방법은 매우 다양하다. 금융 상품과 부동산 투자를 비롯한 재테크, 고액 연봉의 직장 취업, 혁신적인 아이디어 기반의 창업, 심지어 복권 구매까지 그 방법은 무궁무진하다. 그러나 돈을 얻기 위해서는 기본적으로 돈이 있는 곳으로 가야 한다. 그곳은 사람마다 다르겠지만 시장, 공장, 회사, 농장, 바다, 산 등이 될 수 있다. 중요한 것은 당신이 쉽게 접근할 수 있는 곳이 어디인지, 그곳에서 당신이 무엇을 제공할 수 있는지를 파악하는 것이다. 돈이 있는 곳에 당신이 가진 무언가를 제공할 때, 그 대가로 돈을 받을 수 있는지를 알아보는 것이 중요하다.

이를 위해서는 "나는 누구인가?", "나는 어디에 있는가?"라는 질문에 대해 깊이 있게 고민해야 한다. 내가 할 수 있는 일은 무엇이며, 잘하는 일은 무엇인가? 궁극적으로 나는 어떤 가치를 지니고 있으며, 그 가치를 필요로 하는 곳은 어디인가? 자신의 강점을 되짚어 보고, 그 강점을 활용하여 가장 잘할 수 있는 일과 자신을 필요로 하는 곳을 찾는 것이 중요하다. 단순히 직장을 구하는 것이 아니라, '일'을 찾는 것이다.

세계적인 저성장 시대에 접어들면서 기업의 성장 동력은 약화하고 사회는 고령화되고 있다. 이제 재정이 부족한 국가와 기업은 개인의 노후와 복지를 온전히 보장할 수 없다. 경제 성장기에 흔했던 평생 직장의 개념은 사라졌고, 앞으로 일자리는 더욱 줄어들 것이다. 직장이 미래를 보장해 주는 시대는 지나갔으며, 이제는 스스로 미래를 준비해야 하는 시대가 도래한 것이다.

세계에서 가장 큰 투자회사 버크셔 해서웨이의 CEO인 워런 버핏은 장기적인 안목과 가치 투자가 돈을 잘 버는 방법이라고 말한다. 그는 일찍 투자를 시작하고 수익을 재투자하는 것을 강조하며, 기업의 내재 가치를 분석하여 저평가된 주식에 투자하는 가치 투자 방식을 고수하고, 장기적인 관점에서 투자를 지속하라고 한다. 또한 자신이 이해할 수 있는 사업 모델을 가진 기업에 투자하고, 불필요한 지출을 줄이는 절제된 소비 습관이 중요하다고 말한다. 아울러 그는 자기 계발을 통해 자신의 능력을 향상시키는 것이 돈을 버는 확실한 방법임을 강조한다. 즉 그 어떤 투자보다 중요한 것은 자신에 대한 투자이며, 자신이 잘 알고 가치 있는 기업에 장기적인 투자를 하라는 것이다.

따라서 자신의 강점에서 출발하여 평생 할 수 있는 일을 찾아야 하며, 그 일을 지속해 나갈 때 창출되는 가치가 높아진다. 그리고 그 결과 '돈'은 자연스럽게 따라오게 된다. 자신의 강점을 기반으로 평생 지속할 수 있는 일은 무엇일까? 당장 답을 찾지 못했다고 실망할 필요는 없다. 자신이 할 수 있는 일부터 시작하여 반복적으로 수행하다 보면, 그 속에서 진정으로 잘하는 일을 발견할 수 있다. 아무것도 잘하는 것이 없다고 체념하지 말고, 작은 일부터 과감히 도전해 보라.

〈생활의 달인〉이라는 TV 프로그램에는 각양각색의 달인들이 출연한다. 배달을 잘하는 사람, 세차를 잘하는 사람, 떡볶이를 잘 만드는 사람 등 그들의 강점은 매우 다양하다. 분명한 것은 그들이 특정 분야에서 뛰어난 실력을 갖추기까지는 오랜 시간과 노력이 필요했다는 점이다. 그 분야의 최고가 되는 순간, 그들은 명인이 되고 세상의 부와 명예까지 얻게 된다.

평생 자신의 일을 즐기면서 특정 분야의 전문가가 되는 것은 참으로 행복한 일일 것이다. 자신의 재능으로 돈을 벌고 세상에 공헌하고 있는 사업가를 소개한다. 대한민국 제빵왕 김영모 명장은 부모의 이혼으로 어려웠던 어린 시절을 딛고 16세에 제빵업계에 입문하여, 1982년 작은 빵집으로 시작해 현재는 연 매출 100억을 돌파한 성공한 사업가이자 대한민국 최고의 제과 명장이 되었다. 그는 한국인의 입맛에 맞는 빵을 만들기 위해 1995년 유산균 발효법, 2000년 과일 천연 발효법 등 혁신적인 제빵 기술을 국내 최초로 개발하여 업계에 큰 영향을 주었고, 끊임없는 연구와 노력으로 몽블랑, 마늘 바게트 등의 시그니처 메뉴를 개발했으며, 자신의 지식과 노하우를 후학 양성에 적극적으로 활용하고 레시피를 공개하는 등 업계 발전에 기여하고 있다. 또한 개인 박물관을 통해 자신의 제빵 인생을 공유하는 등 빵에 대한 끝없는 열정과 사명감을 보여 주고 있다. 물론 취업 준비에 매진하여 대기업에 입사하고 고액 연봉을 받는 것도 '돈'을 버는 좋은 방법 중 하나다. 그러나 그곳에서 얼마나 행복하게 일하고 자신이 진정으로 하고 싶은 일을 하는지는 또 다른 문제다. '직장'보다는 자신이 하고 싶고 잘하는 '일'을 찾는 것이 가장 효과적인 '돈' 벌이 방법일 것이다. 즉, 강점 기반의 일을 지속적으로 수행하는 것이 최고의 재테크 전략인 것이다.

돈을 잘 버는 것만큼이나 잘 쓰는 것 또한 중요하다. 돈을 어떻게 사용하는가에 따라 부유하게 살 수도 있고, 가난하게 살 수도 있다. 먼저 자신에게 투자해야 한다. 단순히 갖고 싶은 물건을 사는 데 돈을 쓰라는 것이 아니다. 무엇보다 자신의 강점을 발전시키는 데 돈을 사용하라는 것이다. 돈은 마치 눈덩이처럼 굴리면 굴릴수록 더 커진다. 현재 하고 있는 일을 더 잘하기 위해 끊임없이 투자해야 한다. 그것은 교육이 될 수도 있고, 새로운 경험이 될 수도 있다. 궁극적으로 자신에 대한 투자는 가장 높은 수익률을 가져다주는 장기적인 투자다.

다음으로는 타인의 긍정적인 경험을 위해 돈을 사용해야 한다. 물질적인 소비는 더 큰 갈증을 유발한다. 물질적인 것보다 더 오래 지속되고 큰 즐거움을 주는 정신적인 경험을 위해 소비해야 한다. 가족과의 식사, 여행, 타인을 위한 봉사 활동 등에 기꺼이 돈을 사용해야 한다. 세상은 혼자 살아갈 수 없다. 아무리 많은 돈을 가진 부자라 할지라도 가족과 친구가 없다면 외딴섬에서 홀로 살아가는 것과 다를 바 없다. 자신의 강점을 활용하여 돈을 벌고 그 돈으로 자신에게 투자하여 더 나은 자신으로 성장하며 가족과 이웃을 위해 봉사하는 것은 단순한 소비가 아닌 더 큰 투자가 되어 돈보다 훨씬 값진 정신적인 만족과 기쁨을 가져다줄 것이다.

결국 '돈' 역시 자신의 강점에서 시작하여, 자신이 가장 잘하는 일을 찾고, 그 일을 통해 자신의 가치를 제공함으로써 얻을 수 있다. 돈을 버는 것에서 나아가 자신과 가족, 이웃을 위해 현명하게 사용할 때, 돈은 더욱 큰 가치로 되돌아올 것이다.

"돈을 사랑하지 말고 있는 바를 족한 줄로 알라 그가 친히 말씀하시기를 내가 결코 너희를 버리지 아니하고 너희를 떠나지 아니하리라 하셨느니라"(히 13:5).

KEY GUIDE 돈

1. 당신에게 돈이 중요한 이유를 3가지만 써 보세요.

   1)

   2)

   3)

2. 당신의 강점을 살리기 위해 투자한다면, 돈을 어떻게 쓸 수 있을까요? 다음과 같이 계획해 보세요.

   1) 언제

   2) 어디서

   3) 무엇을

   4) 어떻게

   5) 왜

3. 당신이 더 많은 돈을 모으려면 어떻게 해야 할까요? 3가지 방법을 적어 보세요.

   1)

   2)

   3)

4. 당신이 부자가 되어 돈이 충분하다면 어디에 기부하고 싶나요?

   1)

   2)

   3)

| KEY QUESTION 돈 |

1. 만약 충분한 돈을 지원받는다면 당신은 그 돈을 어떤 사업에 투자하고 싶나요? 그 이유는 무엇인가요?

우리들의 이야기

보육시설 사업에 투자하고 싶다. 최근 우리나라에서 결혼과 출산율이 저하되는 원인은 육아 부담 때문이라고 생각한다. 실질적으로 한국에서는 워킹맘이 육아를 하기가 어려운 상황이며, 어린이집이나 유치원 같은 시설도 부족하기 때문에 이러한 현상은 점차 심각해지고 있다. 게다가 어린이집이나 유치원에서 일어나는 아동학대로 인해 부모들이 아이를 안심하고 맡기기 어려운 실정이라 여러모로 문제가 많다는 생각이 든다. 나 또한 미래에 이러한 처지에 처할 수 있다고 생각하기 때문에 충분한 지원금이 있다면 꼭 나서서 상황을 개선하고 싶다. 어린이집이나 유치원 설립, 인력 보충을 통한 환경 개선 등을 이루고 싶다. _정세하

회사에서 내가 하는 프로젝트에 충분한 돈을 지원해 준다고 한다면, '여성 멘토링 사업'에 투자하고 싶다. 한국 기업에서 여성 멘토링은 한계점이 분명하다. 상위 여성 임원이 절대적으로 적은 것이 주원인이다. 또한 남녀 간 성적인 접근으로 비칠 우려가 있기 때문에 서로가 서로에게 먼저 선뜻 다가가기가 쉽지 않다. 세계적인 화학회사 듀폰Dupont에서는 1999년부터 여성 멘토링을 실시했는데, 여성가족부에서 상을 수여했을 정도로 여성이 일하기 좋은 회사라고 알려져 있다. 내가 듀폰을 잇는 여성이 일하기 좋은 회사를 만들겠다. 또한 내가 여성가족부 장관이 된다면, 미혼모들의 교육과 육아 지원 사업에 투자하고 싶다. 1990년대 이후 한부모 가정, 다문화 가정은 상당 부분 인식의 개선이 이루어져 왔다. 그러나 미혼모 가족만은 홍보에서 배제되었고 육아 지원에도 포함되지 않았다. 많은 미혼모들이 사회적 편견 속에서 힘들게 아이를 키우고 있다. 사회가 그들에게 먼저 낙인을 찍기 때문이다. 그들이 아무리 자격증을 딴다고 해도 결국 구할 수 있는 일자리는 계약직인 경우가 대부분이다. 나는 그들에게 좀 더 많은 기회를 열어 주고 싶다. _조유진

2. 당신이 사업을 한다면 단순히 돈을 벌거나 사업을 확대하는 것 외에 어떤 목적을 갖고 싶나요?

우리들의 이야기

나는 퍼실리테이션을 활용하는 사업을 하고 싶다. 퍼실리테이션을 공부할 때 어른들께서 나 같은 청년들이 이것을 많이 알아서 우리 사회가 달라졌으면 좋겠다는 말씀들을 많이 하셨다. 나는 더 어릴 때부터 '퍼실리테이션 기법을 활용한 회의방식을 배우면 어떨까?'라는 생각을 해왔다. 따라서 내가 사업을 하게 된다면 단순히 이익을 추구하는 것 외에 청소년들이나 어린이들에게 자유롭고 효율적인 토론 문화와 타인을 이해하고 수용할 줄 아는 태도를 심어 줄 수 있는 캠페인을 목적으로 하고 싶다. 더 크게 본다면 이 아이들이 나중에 커서 대학에 가고 직장에 들어갔을 때, 그동안 배운 것들이 발현되어 대학 팀 프로젝트나 조직의 회의 문화가 변화되는 것이 내 사업의 큰 목적이다. _유다현

내가 하는 일들이 사회에 긍정적인 변화를 주는 일이기를 바란다. 이윤을 창출할 수 있는 분명한 사업적 목적과 함께 사업을 통해 바람직한 사회적 기여가 일어난다면 정말 만족할 것 같다. 또 사업을 한다면 조직원과의 상호작용에 큰 의미를 두고 시작할 것 같다. 나는 사람들과 함께 일하는 것이 좋다. 관계 속에서 어떤 결속을 통해 얻어지는 성과나 만족감에 큰 위안을 받는 편이어서 일단 조직원이 각자 최대의 역량을 발휘할 수 있는 환경을 조성하고자 노력할 것 같다. _서지영

3. 사랑하고, 배우고, 변화하고, 성장하기 위해 투자하는 돈은 월 지출의 어느 정도를 차지하나요?

우리들의 이야기

사랑하고, 배우고, 변화하고, 성장하기 위해 투자하는 돈 이외에 다른 지출이 또 필요할까? 예를 들어 핸드폰 요금이라도 사람들과 연락을 주고받으며 사랑하고, 또 내 생활을 통해 성장하고 배우며 새로운 것들을 접하고 변화하는 데 반드시 필요하기 때문에 지출한다고 생각한다. 헌금 역시 하나님께 감사한 마음과 하나님에 대한 사랑을 표현함과 동시에 다른 지체들과 공동체 혹은 필요한 곳에 대한 사랑을 표현하는 방법이 된다. 하다못해 사고 싶은 티셔츠 하나를 산다고 해도 나 자신에게 새로운 변화가 되며 행복한 기분을 느끼게 해주는 계기가 된다. 이렇듯 지출되는 모든 돈에는 의미가 있고, 그것이 월 지출의 100%를 차지해야 한다고 생각한다. _**유혜원**

30% 정도 차지하는 것 같다. 사실 지금 벌어들이는 소득이 없는 상황이기 때문에 생활을 유지하고 후에 있을 일들을 대비해 조금씩 저축을 해두는 것에만 돈을 쓰고 있다. 혹시 내가 하고 싶은 무언가를 배우기 위해 돈을 지출하는 것이 시간적, 금전적 여유가 부족한 나에게 사치는 아닐까 하고 한 번 더 고민을 해보는 것이 이유가 되는 것 같다. 데이트를 하고 주변에 있는 사랑하는 사람들과 시간을 보내는 것, 가끔 그들을 위한 선물을 준비하는 것에도 투자해야 하지만, 정작 나를 위한 투자를 할 때 가장 낮은 가격에서 비교적 만족할 수 있는 방법들을 많이 생각해 본다. _**서지영**

4. 앞으로 어떻게 돈을 벌 계획인가요? 또 얼마만큼의 돈을 벌 수 있으리라고 생각하나요?

우리들의 이야기

학교를 졸업하기 전까지는 늘 해왔던 것처럼 아르바이트와 활동들을 하면서 돈을 벌 생각이다. 대학교 1, 2학년 때에는 아르바이트밖에 방법이 없을 것이라고 생각했다. 하지만 3학년이 되면서 장학금을 통해 돈을 벌 수 있다는 것을 알게 되었다. 특히 활동성 장학금을 받는 활동은 등록금성 장학금이 아니기에 이중 장학금에도 적용되지 않았고, 활동한 것에 대해 받는 장학금이기에 더욱 뿌듯하다는 생각이 들었다. 현재는 아르바이트와 활동성 장학금을 받는 KB폴라리스 활동을 통해 돈을 벌고 있는데, 졸업하기 전에 다른 인턴이나 사회 경험을 쌓으면서 돈을 벌고 싶기도 하다. 졸업 후에는 직장에 다니면서 돈을 벌 계획이다. 여기에 강연자의 꿈도 가지고 있는 만큼 프리랜서처럼 강연을 통해서도 틈틈이 돈을 모으고 싶다. 사회생활을 하면서 번 돈을 모아서 43세 이전에는 결혼할 배우자와 함께 직접 우리 힘으로 집을 마련하고 싶다. 결혼 후 집 마련 자금으로 1년에 3,000만 원씩 모으면 가능하다고 보는데, 그러기 위해서는 둘이 합해 연봉이 7,000만 원은 넘어야 하지 않을까 생각한다. _이진주

내가 아직 세상을 잘 모르고 현실감각이 없는 것일지도 모르지만, 나는 돈이 많고 넘치도록 부유한 삶을 꿈꾸고 바라지는 않는다. 오히려 너무 많이 가졌을 때 갖게 될 교만, 탐욕 등과 같은 부작용이 두렵고, 내가 겸손히 감사함으로 다스릴 수 있는 정도의 돈을 가졌으면 좋겠다. 따라서 연봉을 많이 주는 기업, 대박 날 수 있는 사업 아이템 등은 내가 돈을 벌고 싶은 경로가 아니다. 오히려 내가 기뻐할 수 있고 만족할 수 있는 일을 하면서 적은 돈이라도 수입으로 받기를 원한다. 최소한의 삶을 유지하기 위해서 나의 전공을 살려 취업하게 되면, 세후 약 250만 원 정도를 벌 수 있을 거라 생각하며 이 정도면 만족한다. _이민주

REFLECTION QUESTION 돈

1. 돈에 아무런 제약이 없다면 무엇을 하고 싶나요?
   - 당신의 꿈이나 계획을 실현할 수 있는 방법을 상상해 보세요.

2. 만약 백만장자가 되는 것이 꿈이라면, 그 일을 위해 어떤 일을 시작하고 싶나요?
   - 그 일을 어떻게 시작할 계획인가요?

3. 오늘 갑자기 100억 원이 생긴다면, 그 돈으로 무엇을 하고 싶나요?
   - 그 돈을 어디에 사용할지 구체적으로 생각해 보세요.

4. 100억 원을 하루 동안 마음껏 쓸 수 있다면 어떻게 사용하고 싶나요?
   - 오늘 구입한 물건만 평생 가질 수 있다면, 어떤 선택을 하고 싶나요?

5. 돈이 문제가 되지 않는다면, 당신이 상상하는 '완벽한 하루'는 어떤 모습인가요?
   - 그 하루를 어떻게 보내고 싶은지 글로 표현해 보세요.

6. 만약 1억 원을 투자해야 한다면, 어디에 투자하고 싶나요?
   - 그 이유는 무엇인가요?

7. 충분한 돈이 지원된다면, 그 돈을 어떤 일에 투자하고 싶나요?
   - 그 이유는 무엇인가요?

8. 당신의 삶에서 '돈'은 어떤 역할을 하고 있나요?
   - 돈이 차지하는 중요도는 어느 정도인가요?

9. 앞으로 얼마나 많은 돈을 벌고 싶나요?
   - 그 소원을 이루기 위해 어떤 노력을 할 수 있나요?

10. 돈을 어떤 우선순위에 따라 사용하고 있나요?
    - 당신의 지출에서 가장 중요한 부분은 무엇인가요?

4. 관계 관리

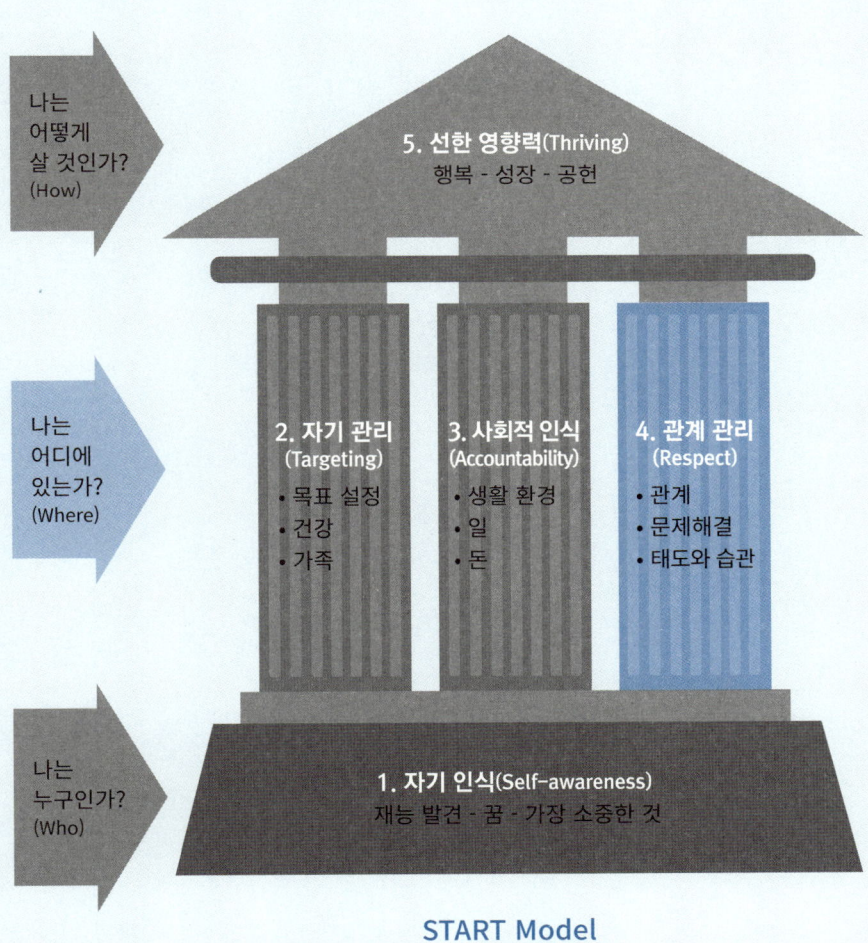

관계

남에게 대접을 받고자 하는 대로
너희도 남을 대접하라
- 마 7:12

당신은 누구와 함께 있을 때 가장 기쁘고 편안하며 즐거운가? 반대로 누가 당신을 가장 힘들게 하는가? 아니면, 어떤 사람을 피하고 싶은가?

「혼자만 잘 살믄 무슨 재민겨?」라는 책이 있다. 아무리 세상에 없는 부귀영화를 누린다 해도 혼자서는 즐겁지 않다는 것이다. 우리는 혼자서 살 수 없다. 누군가가 있어서 이 세상에 우리가 왔듯이, 우리도 누군가와 함께 살아갈 수밖에 없다. 요즘 방송은 혼자 살아가는 사람들의 이야기로 넘쳐난다. 그들이 먹고 놀고 살아가는 이야기들을 훔쳐보며 대리만족을 느끼는 사람들이 많다는 것이다. 그런데 놀라운 것은, 그들도 결국 하나같이 누군가를 만나고 싶고 또 사귀고 싶어 한다는 것이다.

오스트리아의 정신과 의사였던 알프레드 아들러Alfred Adler는 "사람은 우주라는 공간 속에서 제한된 환경과 가능성을 가지고 타인과 함께 살아가며 화합하는 방법을 배워야 한다"라고 말했다. 우리는 모두 세상이라는 울타리 속에서 서로를 필요로 하며, 도움을 주고받으면서 살아야 한다는 것이다. 어쩔 수 없이 사람은 사회적 동물인 것이다. 그러면 사회 속에서 우리는 어떻게 사람들과 어울려 살아야 하는 것일까? 왜 사람들은 사회 속에서 외로워하고 관계를 힘들어하는 것일까? 좋은 관계를 맺으며 살 수 있는 방법은 없을까?

'관계'라는 단어를 사전에서 찾아보면 "둘 이상의 사람, 사물, 현상 따위가 서로 관련을 맺거나, 관련이 있음"이라고 나온다. 한자로 해석하면 '關'(관)은 문이 닫히는 모습을 나타내고, '係'(계)는 사람이 서로 묶이고 연결되는 것을 나타낸다. 즉, 사람들이 서로 한 곳에서 묶이고 연결되는 것을 나타내는 말이다. 사전적 단어의 해석처럼 우리는 누구나 서로에게 묶이고 이어지는 관계를 갖고 있는 것이다.

그런데 좋은 관계는 사실 아무런 문제가 없다. 문제는 좋지 않은 관계, 즉 갈등을 어떻게 해결해서 좋은 관계로 정상화시킬 것인지가 중요하다. 그러면 갈등은 왜 일어나는 것일까? 많은 이유가 있겠지만, 심리학자들은 인지 왜곡cognitive distortion이라는 용어로 해석한다.

인지 왜곡이란 어떤 사실에 대해 객관적 사실과 거리가 멀게 주관적으로 그릇된 해석을 하는 것을 말한다. 즉, '전부'가 아니면 '전무'라는 이분법적 사고로 철저히 흑과 백으로 나누어 생각하거나, 어떤 문제 하나로 모든 것을 일반화하여 분노와 갈등을 증폭시키거나, 사소한 행동 하나로 사람을 비하하거나, 반대로 문제를 비약시켜 지나친 결론을 내리거나, 때로는 침소봉대하고 또 때로는 과소평가하거나, 집착하고 강박적이거나, 사람을 낙인찍거나, 모든 문제를 남의 탓으로 돌리는 등의 인지 상태를 말한다.

당신은 이런 인지 왜곡이 없다고 말할 수 있을까? 사람은 누구나 자신의 렌즈를 갖고 세상과 사람을 바라본다. 모두 자신의 인식 기준으로 평가를 내린다. 그러기에 사람이 내리는 판단이 반드시 객관적이라고 말할 수 없다. 누구나 실수하고, 누구나 오류에 빠질 수 있다. 이러한 인식의 왜곡과 오류가 우리의 관계를 어렵게 하는 것이다.

그러면 좋은 관계를 맺으려면 어떻게 해야 할까? 간단히 세 가지 방법을 제안하고자 한다. 좋은 관계를 맺으려면 서로를 잘 알고, 소통하고, 함께 나누어야 한다는 것이다.

먼저, 좋은 관계를 구축하려면 서로를 알아야 한다. 사람을 '안다'는 것은 무슨 뜻일까? 그냥 '모른다'의 반대말이 '안다'일까? 누군가를 안다는 것은 그 사람에 대한 외면적인 부분뿐만 아니라 내면적인 것까지 아는 것을 말한다. 무척 어렵다. 외면적으로 드러난 개인의 환경과 강·약점 등의 자원뿐만 아니라 내면적인 희로애락을 알아야 올바르게 사람을 안다고 할 수 있을 것이다. 이렇듯 누군가를 안다는 것은 무척 힘들고 어렵다. 사실 가족 구성원들도 내면적인 것까지 모두 알기에는 많은 시간이 필요하다. 그리고 완전히 다 안다는 것은 사실 불가능하다. 그런데 안다고 해서 제대로 인식하는 것은 또 다른 문제다. 아는 것을 담는 나의 버킷이 오염되었거나 깨어져 있다면 또 다른 왜곡과 오류가 발생하게 된다.

그래서 먼저 자신을 잘 아는 것이 무엇보다 중요하다. 나를 어떻게 알 수 있을까? 자신에 대해 이해하기 위해서는 스스로에 대해 생각하는 시간이 필요하다. 자신에 대해 묻고 답하면서 정리하는 시간이 필요하다. 또 멘토나 코치와 같은 누군가의 도움을 받을 수도 있다. 이런 시간을 통해 자신의 정체성을 잘 이해해야 비로소 다른 사람을 제대로 이해할 수 있게 된다. 다시 말하면, 나의 시력이 나쁘면 세상이 모두 희미하고 어둡게 보이고, 반대로 시력이 좋으면 모두 깨끗하게 보인다는 것이다.

다음으로는 서로 통해야 한다. 통한다는 것은 많은 의미가 있다. 말이 통해야 하고, 마음이 통해야 하며, 뜻과 행동이 통해야 한다. 통하는 것의 첫 출발은 '말'에서 시작된다. 만 가지 악이 혀에서 시작된다는 말이 있다. 말은 사람을 살리기도 하고 죽이기도 한다. 나 중심의 말이 아니라 듣는 상대방 중심의 말을 할 때 서로가 통할 수 있다. 상대방을 전혀 고려하지 않고 내 감정에 충실한 메시지로는 상대방과 통할 수 없는 것이다. 서로 마음이 통할 수 있는 말은 칭찬하고 배려하며 경청하고 서로를 존중하는 말이다.

물론 좋은 말만 할 수는 없다. 어떨 때는 거절도 해야 하고, 꾸짖거나 비판을 해야 할 때도 있다. 그럼에도 불구하고 서로의 관계를 해치지 않고 통할 수 있는 방법은 바로 진정성일 것이다. 어떤 상황에서도 사실을 있는 그대로 정직하게 말하고 행동할 때 비로소 사람들은 진정성을 깨닫게 된다.

말은 사람 사이에서 '매끈'한 윤활유가 되어 주기도 하고, '발끈'하며 화를 내게도 하며, '화끈'하게 흥을 돋우기도 하고, 눈을 '질끈' 감고 숨을 길게 참게도 하며, 마음이 춥고 힘들 때는 '따끈'한 화로가 되어 주기도 한다. 이렇듯 말은 관계를 이어 주는 좋은 끈이 되기도 한다.

이제 말로 연결했으면 다음은 더 좋은 관계를 만들기 위해 서로 나누어야 한다. 먼저 마음을 나눌 수 있어야 한다. 아무리 좋은 생각과 말을 한다고 해도 그 속에 마음이 담기지 않으면 좋은 관계를 맺을 수 없다. 그렇다면 어떤 마음이 필요할까?

좋은 관계를 구축하는 7가지 마음이 있는데, 그것은 바로 따뜻한 마음熱心, 정직한 마음眞心, 살피는 마음觀心, 좋은 마음善心, 사랑의 마음愛心, 삼가는 마음操心, 서로 참아내는 마음忍耐心이다. 이런 7가지 마음이 우리 안에 있다면 그것을 잘 나눌 수 있는 방법은 무엇일까? 잘 전달해야 한다. 즉 표현하고 행동해야 하는 것이다. 마음만으로는 상대방이 알 수 없기에 보고 들을 수 있도록, 느낄 수 있도록 행동을 취해야 한다.

우리가 세상을 볼 수 있는 것은 세상을 비추는 '해'가 있기 때문이다. 이처럼 우리의 마음을 해처럼 비춰 보자. 마음을 보여 주는 7가지 해, 즉 '사랑해', '감사해', '소중해', '대단해', '미안해', '이해해', '함께해'를 매일매일 사람들과의 관계 속에서 마음껏 비춰 보자. 세계적으로 수천만 부 판매된 「인간관계론」의 저자인 데일 카네기$^{\text{Dale Carnegie}}$는 좋은 관계를 위해 다음과 같은 7가지 방법을 제안한다.

첫째, 칭찬과 인정을 하라. 인간의 가장 큰 욕구 중 하나인 인정 욕구를 충족시켜 줌으로써 상대방에게 동기를 부여하고 잠재력을 끌어낼 수 있다.

둘째, 비판을 중단하라. 사람들은 감정적인 존재이므로 비판하기보다 이해하고 공감할 때 좋은 관계가 형성된다.

셋째, 긍정적 평판을 만들어 주라. 상대방에 대한 긍정적인 평판을 만들어 줌으로써 그 사람이 더욱 발전할 수 있도록 돕는다.

넷째, 상대방의 필요를 파악하라. 상대방이 진정으로 원하는 것이 무엇인지 파악하고, 그에 맞춰 접근해야 효과적으로 설득할 수 있다.

다섯째, 상대방의 관심사에 귀를 기울여라. 상대방의 관심사에 진심으로 관심을 보여 줌으로써 신뢰와 존경을 얻을 수 있고 장기적인 관계 형성을 이룰 수 있다.

여섯째, 이름을 기억하고 불러 주라. 상대방의 이름을 기억하고 불러 주는 것은 그에 대한 관심과 존중을 표현하는 것으로, 사소하지만 큰 효과를 가져오는 행동이다.

일곱째, 겸손한 태도를 유지하라. 자신이 틀렸을 경우 빠르게 사과하는 모습을 보이는 것은 상대방에게 진솔함을 보여 준다. 겸손은 자신의 가치를 높이는 결과를 가져온다.

좋은 관계 구축의 시작은 먼저 나를 아는 것에서 출발해야 한다. 자신의 강점을 다시 한번 살펴보라. 사람과의 관계를 어떻게 맺는 것을 좋아하고, 또 어떻게 할 때 잘 통하는지, 그리고 나의 강점으로 상대방에게 어떤 마음과 행동을 나눌 수 있을지를 생각해 보라. 다음으로 상대방을 잘 살펴보라. 그 사람은 누구인지, 어떤 것을 좋아하는지, 어떤 것을 잘하는지, 또 어떤 것이 필요한지 관찰하라.

정말 상대방의 마음을 얻고 좋은 관계를 구축하고 싶은가? 그러면 당신이 먼저 좋은 것을 아낌없이 주라. 관계 구축의 황금률은 "남에게 대접을 받고자 하는 대로 너희도 남을 대접하라"(마 7:12)이다.

무엇을 먼저 줄 것인가? 당신이 잘하는 것, 바로 '강점'이다.

KEY GUIDE 관계

1. 주변 사람들과 칭찬하고, 배려하며, 경청하고, 서로를 존중하는 대화를 자주 나눠 보세요. 좋은 관계를 맺기 위해 나눈 대화는 어떤 것인지 한 가지만 적어 보세요.

2. 좋은 관계를 구축하는 7가지의 마음을 타인과 어떻게 나눌 수 있을지 나의 강점을 바탕으로 한 가지씩만 생각해 봅시다.

따뜻한 마음	
정직한 마음	
돌보는 마음	
좋은 마음	
사랑의 마음	
조심하는 마음	
서로 참아내는 마음	

3. 용서하고 싶은 사람은 누구인가요? 어떤 말로 용서할지 적어 봅시다.

| KEY QUESTION 관계 |

1. 당신 부모님과의 관계에서 가장 배울 만하거나 자랑스럽게 여겼던 점은 무엇인가요?

우리들의 이야기

어렸을 때 부모님은 내 앞에서 한 번도 싸우는 모습을 보여 주신 적이 없다. 나중에 그 이유를 여쭤보니, 부모가 다투는 모습을 보며 가정에 대한 불안감을 느끼게 하고 싶지 않았기 때문이라고 말씀해 주셨다. 어린 딸들이 느낄 감정과 미칠 영향을 고려해서, 다툼이 있을 때조차도 우리 앞에서는 웃으며 함께 밥을 먹고 대화해 주신 것에 감사함을 느낀다. 자신의 감정을 절제하는 부모님의 모습을 나도 배우고 싶다. _최지현

서로를 위하는 소소한 일상이다. 최근에 했던 엄마와의 통화에서 엄마는 밥 먹고 바로 도너츠를 먹어 배가 너무 부르다고 말씀하셨다. 그러게 왜 바로 먹었냐고 물어보니 아빠가 엄마와 동생 먹으라고 퇴근길에 도너츠를 사오셨다고 했다. 엄마는 아빠가 가족이 맛있게 먹을 모습을 생각하며 기쁘게 사 왔을 텐데 이런 마음을 실망시킬 수 없다며 배가 불렀지만 먹었다고 했다. 이 이야기를 듣는데 서로를 생각하는 소소한 일상이 귀여워 보였다. 사소한 순간에도 누군가를 생각하는 마음을 배우고 싶다. _배경진

2. 당신 가족의 가훈이나 소중히 여기는 가치는 무엇인가요?

우리들의 이야기

'사랑'이다. 가족이라는 울타리 안에서 가족 구성원을 이해하고 사랑하는 것부터 친구 관계, 연인 관계 등 나를 둘러싼 모든 상황과 관계에서 사랑의 가치를 배제할 수 없다. 내게 사랑은 역지사지의 자세를 가지고 따뜻한 시각으로 상대를 이해하고자 하는 마음이다. 나는 자라면서 부모님께 사랑을 많이 받고 자랐다고 생각한다. 그래서 사랑을 받는 법에 대한 교육이 자연스럽게 이루어졌고, 그 덕분에 사랑을 주는 법을 아는 사람으로 성장할 수 있었다. _서지영

딱 정해져 있는 가훈은 아니지만 무슨 일을 할 때마다 늘 얘기했던 것이 있다. 바로 "한 번 할 때 제대로 하자"이다. 어떤 일을 하는 것에 있어서 적당히, 대충 하기보다는 한 번 하는 것 제대로 하자고 부모님은 항상 말씀하셨다. 이것은 일을 할 때만 아니라 외식을 하거나 여행을 다닐 때도 적용할 수 있었다. 예를 들어 고등학생 때, 단종에 대한 다큐멘터리를 엄마 아빠와 함께 본 적이 있었다. 그 이후에 우리 가족은 단종에 관련된 여행을 했는데, 노량진의 사육신 묘를 시작으로 영월에도 방문하여 단종과 관련된 유적지를 돌아다녔다. 이처럼 우리 가족은 '함께'의 가치를 바탕으로 한 번 할 때 제대로 하자는 생각을 가지고 있다. _이진주

3. 당신에게 평화를 가져오기 위해, 당신의 환경이나 마음 또는 태도에서 변화가 필요한 부분은 무엇인가요?

우리들의 이야기

"범사에 감사하라"는 말이 생각난다. 좋게 생각하고 넘어가는 것을 나는 합리화라고 생각했고, 심한 합리화는 일종의 병이라고 생각했다. 아예 틀린 말이라고는 할 수 없겠지만 이런 생각을 가지고 있다 보니 항상 지금보다 나은, 지금보다 완벽한 이상을 추구했다. 현재에 만족하면 나에게는 발전이 없다고 생각했다. 그런데 요즘은 현재 이 상황에서의 만족을 찾는 것 역시 정신건강에 좋을 것 같다는 생각이 든다. 지금 여기서 행복하지 않으면 무슨 소용일까. _조유진

4. 깊은 관계를 유지해 오던 사람과 믿음이 깨졌을 때, 어떻게 그 관계를 회복할 수 있을까요?

우리들의 이야기

아이러니하게도 깨어진 믿음을 회복하기 위해서는 또 믿어 주는 것밖에 방법이 없다고 생각한다. 한결같고 신실한 사람은 존재하지 않는다. 누구나 실수를 하고 누구나 변할 수 있다. 물론 믿음이 깨지는 그 순간에는 도저히 용서할 수 없고 화가 나겠지만, 그 관계를 회복하기 위해서는 결국 다시 믿어 주는 것밖에 답이 없다. 내가 다시 상처를 받더라도 믿어주는 것, 그것이 내가 줄 수 있는 가장 큰 사랑일 것이다. 그 사람이 '진정으로' 나를 사랑한다면, 내가 용서하고 다시 믿어 주는 마음을 고마워하며 더 믿음을 지키기 위해 노력할 것이다. _**이민주**

| REFLECTION QUESTION 관계 |

1. 가족이나 공동체로부터 받은 가장 큰 영향은 무엇인가요?
   - 어떤 부분이 당신에게 가장 큰 영향을 주었나요?

2. 관계 속에서 계속되기를 바라는 것은 무엇인가요?
   - 그리고 일어나지 않기를 바라는 것은 무엇인가요?

3. 관계를 강화하는 데 도움이 되는 도구가 있다면 무엇인가요?
   - 그 도구가 어떤 역할을 할 수 있을까요?

4. 관계를 강화하기 위한 시도 중에서 효과적이었던 것은 무엇인가요?
   - 효과적이지 않았던 것은 무엇인가요?

5. 깊은 관계에서 믿음이 깨졌을 때, 어떻게 회복할 수 있을까요?
   - 그 관계를 다시 좋게 만들기 위한 방법은 무엇인가요?

6. 인간관계에서 어떤 갈등이 가장 힘든가요?
   • 그 갈등을 어떻게 해결할 수 있을까요?

7. 가장 힘든 사람은 어떤 유형인가요?
   • 그런 사람을 만나면 어떻게 대처하나요?

8. '좋은 인간관계'란 무엇이라고 생각하나요?
   • 당신의 정의는 무엇인가요?

9. 이상적인 관계 유지를 위해 가장 중요한 것은 무엇인가요?
   • 어떤 요소가 관계를 건강하게 유지하게 할까요?

10. 당신이 따르고 싶은 사람은 누구인가요?
    • 그 사람의 삶에서 배우고 싶은 점은 무엇인가요?

문제 해결

어쩔 수 없는 벽이라고 우리가 느낄 때
그때 담쟁이는 말없이 그 벽을 오른다.
– 도종환, 〈담쟁이〉

당신에게는 어떤 문제가 있는가? 어떤 것이 풀리기를 바라는가? 어떤 도움이 있으면 더 좋을 것 같은가?

살다 보면 언제나 강같이 잔잔할 것 같지만, 갑자기 폭풍우가 몰려오고 천둥과 번개가 치는 날이 있을 것이다. 다행인 것은 나만 그런 것이 아니라, 모든 사람이 공평하게 겪는 일이라는 것이다. 마음 한구석에 걱정과 고민 없이 사는 사람이 누가 있겠는가?

그 폭풍우의 현장은 가정일 수도, 직장일 수도 있다. 어느 곳에서 발생할지 아무도 예측할 수 없다. 그냥 잠시 왔다 지나가는 소나기일 수도 있지만, 끝이 어디인지 보이지 않는 어두운 터널일 수도 있다.

이런 문제를 만나면 어떻게 해야 할까? 사실 정답은 없다. 그렇다고 방법이 없다는 것은 아니다. 어떤 문제든 풀 수 있는 방법은 있을 것이다. 다만 방법이 간단한지 아니면 복잡하고 어려운지의 차이가 있을 뿐이다.

도종환 시인의 〈담쟁이〉라는 시에는 "어쩔 수 없는 벽이라고 우리가 느낄 때 그때 담쟁이는 말없이 그 벽을 오른다"라는 구절이 있다. 담쟁이를 본 적이 있는가? 담쟁이는 식물이 도저히 뿌리를 내릴 수 없다고 생각되는 콘크리트 벽, 벽돌 벽에 뿌리를 내린다. 어떻게든 작은 빈틈에 뿌리를 내리고 조금씩 천천히 포기하지 않고 벽을 오른다. 마침내 담쟁이는 온 벽을 지배한다. 모두가 포기하라는 곳을 향해 거꾸로 거꾸로 올라가 가지를 뻗고 결국에는 꽃을 피우는 것이다.

담쟁이를 보면서 우리가 매일 만나는 문제들을 생각해 본다. 누구에게나 벽처럼 막혀 있는 문제가 있다. 그러면 이 문제를 어떻게 바라볼 것인가? 넘어가야 할 벽인가, 아니면 넘을 수 없는 벽인가? 시인은 이렇게 말한다. "저것은 넘을 수 없는 벽이라고 고개를 떨구고 있을 때 담쟁이 잎 하나는 담쟁이 잎 수천 개를 이끌고 결국 벽을 넘는다." 그렇다. 모두가 불가능하다고 할 때 누군가가 나타나 많은 사람들을 이끌고 기어이 문제를 해결하는 경우를 우리는 주위에서 종종 볼 수 있다. 그 한 사람이 바로 당신이 될 수 있지 않을까? 어떻게 하면 가능할까?

나는 문제 해결 역시 자신의 강점에서 찾을 수 있다고 생각한다. 문제가 있다는 것은 답을 찾을 수 있다는 것이다. 다시 말하면, 문제라고 하는 것은 어떤 해결 방법이 있다는 것을 이미 알고 있다는 것이다. 「답을 내는 조직」이라는 책에서는 이렇게 말한다. "방법이 없는 것이 아니라 생각이 없는 것이다." 곰곰이 생각해 볼 부분이다. 정말 방법이 없는 것일까?

임진왜란의 영웅 이순신 장군을 생각해 보자. 12척의 배로 300여 척의 적을 상대해야 하는, 누가 봐도 이길 수 없는 전쟁을 치러야 하는 절체절명의 순간을 떠올려 보라. 전쟁을 시작하기도 전에 아군의 사기는 땅에 떨어져 심지어 부하들마저 투항하자고 말하는 상황이라면 당신은 어떻게 하겠는가? 이때 장군은 그 유명한 "살자고 하면 반드시 죽을 것이요, 죽자고 하면 반드시 살 것이다"라는 명언을 남긴다. 결국 이 전쟁은 어떻게 되었는가? 잘 아는 것처럼 대승을 거두게 된다. 어떻게 그런 결과가 나올 수 있었을까? 죽기 살기로 방법을 찾았고 그로 인해 획기적인 전술을 펼칠 수 있었으며, 모든 사람이 하나로 똘똘 뭉쳐 만들어 낸 승리였다. 결국 한 사람의 생각이 수천수만의 사람들을 하나로 뭉치게 했고, 이는 승리의 원동력이 될 수 있었다. 혼자 생각으로 안 되는 문제도 함께하면 해결책을 찾을 수 있는 것이다.

어떻게 하면 좋은 생각을 할 수 있을까? 누구나 생각은 있다. 사람은 하루에도 5만 가지 생각을 한다고 한다. 그러면 생각이 없는 것이 아니라 생각을 해결책으로 만들어 내지 못하는 것이 아닐까? 바로 이때 개인들의 강점을 활용할 수 있다. 서로의 다름을 이해하고 인정하면서 문제에 대해 자유롭게 토론할 수 있어야 한다. 특히 강점이 있는 분야에 대한 개인들의 해결책을 경청해야 한다. 그리고 서로의 생각들을 융합할 수 있는 방법을 찾아야 한다. 그러면 어느 순간 혼자서는 상상치도 못했던 아이디어가 나오게 된다.

어떤 문제를 떠올려 보라. 그리고 그 문제를 함께 고민할 수 있는 동료를 찾아보라. 그의 강점이 무엇인지를 미리 파악하고 그와 대화를 시작해 보라. 나의 강점과 그의 강점을 조합하여 어떤 결과를 만들어 낼 수 있는지 미리 상상해 보라. 그리고 그와 만나 편안하게 대화를 시작해 보라. 먼저 솔직하게 도움을 구하라. 절대로 반박하지 말고 이야기를 끝까지 들어주라. 그리고 협력 방안을 도출하라.

생각을 모았다면 다음 단계는 실행이다. 아이디어가 좋다고 문제가 해결되는 것은 아니다. 아무리 좋은 생각이라도 누군가가 실행으로 연결해야 하는 것이다. 소형모터 부문 세계 최고의 회사인 일본전산의 사훈은 "즉시 한다. 반드시 한다. 될 때까지 한다"라고 한다. 그 어떤 것보다 실행력을 중요하게 생각한다는 경영 철학을 엿볼 수 있다.

새해가 되면 사람들은 신년 계획을 세운다. 작심삼일이라고 했던가? 얼마 지나지 않아 그 계획은 머릿속에서 금방 잊힌다. 그리고 또 다른 새해를 맞이하며 똑같은 계획을 세우고 또 잊는 것을 반복한다. 따라서 좋은 목표를 세우는 것도 필요하지만, 그것을 끈기 있게 실행하는 것이 더 중요하다. 아무리 좋은 생각을 하고 또 강점이 있다고 한들 그것을 사용하지 않으면 '갑 속에 든 칼'에 지나지 않는다. 사실 많은 부분에서 사람들은 능력이 없는 것이 아니라 끝을 보는 '끝장 정신'이 부족한 것이다.

끝장 정신으로 성공한 사람들을 알아보자. 먼지봉투 없는 청소기를 세계 최초로 발명한 영국의 제임스 다이슨은 공장에서 사용하는 대형 싸이클론 타워를 설계하던 엔지니어였다. 그런 그가 이것을 가정용 청소기로 만들려는 아이디어를 시작으로 상품을 만들어 내기까지는 무려 5년의 시간과 5,127개의 시제품을 만드는 과정이 필요했다고 한다. 상상이 가는가? 5000번의 실패를 계속하면서도 포기하지 않고 계속해서 시제품을 만드는 엔지니어를 본 적이 있는가? 당신이라면 그렇게 할 수 있겠는가?

먼지봉투가 없는 청소기를 만들고 부와 명예를 얻었지만 다이슨은 쉬지 않고 도전을 계속한다. 그 유명한 날개 없는 선풍기가 바로 그의 작품이다. 그렇다. 모두가 안 된다고, 상식적으로 불가능하다고 하는 벽을 혼자서 꿋꿋이 오른 사람이 바로 다이슨인 것이다. 그의 끝장 정신은 바로 고객의 불편한 문제를 해결하기 위해 끊임없이 노력한 그의 강점, 바로 '문제 해결' 능력이 있기에 가능한 것이었다.

두 번째 사례를 알아보자. 일본의 가장 북쪽에 있는 인구 30만의 작은 도시에 있는 '아사히야마' 동물원은 해마다 관람객이 줄어들고 예산이 부족하여 시에서는 동물원을 폐쇄하려는 결정을 내린다. 동물원이 없어지고 직장을 잃게 되는 바로 이때, 동물원의 사육사들이 아이디어를 내기 시작했다. 이렇게 해서 "밤의 동물원", "하늘을 나는 펭귄", "이야기가 있는 동물원" 등 사육사와 동물 그리고 관람객이 함께 소통할 수 있는 즐거운 동물원으로 다시 태어나게 된다. 절망의 순간에 구성원들이 함께 아이디어를 모으고 새롭게 도전한 결과, 아사히야마 동물원은 2006년 '일본 최고의 동물원'으로 변신하게 된다.

세 번째 사례다. 1970년 3M의 스펜서 실버는 강력 접착제를 개발하던 중 접착력이 약한 접착제를 우연히 만들었다. 이 '실패작'을 포기하지 않고 사내에 알리던 중, 같은 회사의 아트 프라이가 교회 성가대에서 책갈피가 떨어지는 불편함을 겪다 실버의 접착제를 활용할 아이디어를 떠올린다. 두 사람은 붙였다 뗄 수 있는 종이, 즉 포스트잇을 함께 개발했고 사내에서 좋은 반응을 얻어 1977년 '프레스 앤 필'로 상품화시켰다. 초기에는 인기가 없었지만 1980년 '포스트잇 노트'로 이름을 바꾸면서 세계적인 히트 상품이 되었다.

문제는 어렵다. 그리고 해결 과정은 더 어렵다. 그렇다고 계속 문제에 머물 것인가? 문제를 좋아하는 사람은 없다. 그런데 많은 사람들이 시도도 해보지 않고 문제를 원망하며 힘들다고 쉽게 포기한다.

문제 해결의 시작을 자신의 강점에서 찾아보자. 먼저 문제를 정확하게 정의를 내려 보라. 그리고 현재를 보지 말고 문제 해결 이후의 상태를 상상해 보라. 우리가 원하는 것은 문제가 해결된 이후의 만족하고 편안한 상태다. 현상의 문제점만 바라보지 말고 해결된 이후의 즐거운 상태를 계속 생각하며 성공의 주문을 외워라. 그리고 문제에다가 나의 강점을 공식처럼 대입해 보라. 강점으로 어떻게 도전할 수 있을지 계속 질문을 던져 보라. 그리고 계속 강점들을 조합하여 문제들을 공략해 보라. 집요하게 문제를 공격하라. 혼자가 힘들면 동료들의 도움을 구하라. 나와 동료들의 강점을 결합하여 동일한 방법으로 문제를 공격해 보라. 분명히 답이 보이기 시작할 것이다.

물론 한순간에 쉽게 해결되지 않는 문제도 있다. 이럴 때 끈기가 필요하다. 용기를 가져라. 분명히 해결할 수 있다.

"인내와 끈기는 아이디어를 되살리는 데 있어 영감만큼이나 중요할 수 있다."(3M 홈페이지)

KEY GUIDE 문제 해결

1. 당신이 해결하고자 하는 문제 3가지는 어떤 것인가요?

   1)

   2)

   3)

2. 이 문제 해결에 가장 큰 도움을 줄 수 있는 강점은 무엇이고, 그 이유는 무엇인가요?

   강점:

   이유:

3. 문제를 함께 해결해 줄 조력자 3명은 누구인가요?

   1)

   2)

   3)

4. 문제가 해결된 이상적인 상태를 적어 보세요.

> KEY QUESTION 문제 해결

1. 노년에 어떤 후회도 없을 정도로 갈등을 잘 해결하기 위해 당신은 지금 무엇을 하겠습니까?

우리들의 이야기

타인과의 갈등보다는 내면의 갈등이 더 많은 편이다. 타인과의 관계에서 갈등이 생기면 바로바로 해결점을 찾으려고 하는 편인 반면, 내면에서 발생하는 혼란이나 갈등은 잘 컨트롤하지 못한다. 단순하게 '하면 된다'라고 생각하면 좋은데, '안 되면 어떡하나?'까지 고려하는 것이 늘 내가 갖는 내면 갈등의 시발점이다. 그럼에도 노년에 후회 없이 이런 갈등을 잘 해결하려면, '하면 된다, 나를 믿어 보자'는 신념을 갖고 지금 해보고 싶은 것들을 다 해보고 많은 경험을 만들어 둬야 할 것 같다. 책을 많이 읽는 것도 중요한 것 같다. 간접경험인 동시에 생각의 양을 늘리고 또 그 생각들을 나만의 틀에서 컨트롤할 수 있는 시간을 가질 수 있기 때문이다. 나와의 갈등, 타인과의 갈등 해결 방법을 책에서 찾아보는 것도 좋은 방법인 것 같다. 3년 전쯤 정말 화가 나서 속이 뒤집어질 것 같은 경험을 한 적이 있었다. 그때 인터넷에 '화를 다스리는 법'을 쳤더니 어떤 책 내용이 나오길래, 그 길로 당장 학교 도서관에서 4시간 동안 그 책을 읽고 정말 거짓말처럼 상대를 용서하기로 마음먹었다. 상대를 위해서가 아니라 나를 위해서. _서지영

2. 당신이 결과를 얻는 데 모든 관심을 쏟는다면, 무엇을 포기해야 하나요?

우리들의 이야기

결과를 얻는 데 모든 관심을 쏟게 된다면, 결과에 따른 손해나 중간 과정에서 얻을 수 있는 것들을 포기해야 할 것이다. 하지만 이렇게 되면 결국 내가 얻게 되는 것은 결과 하나뿐일 것이다. 이런 상황이 오기를 바라지는 않지만, 만약에 이런 상황이 발생한다면 결과에 치중해서 객관적으로 봤을 때 중요한 것들을 많이 포기할 것 같다. _정세하

내가 원하는 결과를 얻기 위해 모든 관심을 쏟는 것은 자칫 위험한 행동일 수 있다. 어떤 것을 포기하려고 결정할 때, 후회하지 않을 자신이 있는지 스스로에게 계속 물어봤으면 좋겠다. 무엇인가를 포기하는 것은 결과를 얻는 것 이상으로 쉽지 않다. 그럼에도 불구하고 무엇인가를 포기하고서라도 얻고 싶은 것이 있다면, 모든 관심을 쏟을 만큼 중요한 일이었다면, 그 후에 어떤 결과가 나오더라도 받아들일 수 있는 자세 또한 필요하다. _조유진

3. 삶 속에서 당신이 '어떤 일을 하기 위해 특별하게 태어났다'고 느낀 순간은 언제였나요?

우리들의 이야기

새로운 콘텐츠를 구상하고 만들 때 '나는 이 분야를 잘할 수 있는 것 같아'라는 생각이 들었다. 대학 생활 동안 콘텐츠 제작 관련 대외 활동을 꾸준히 해왔는데, 아이디어를 구상하는 과정이 누군가에게는 어렵고 힘들 수도 있지만, 나에게는 늘 새롭고 재미있게 느껴졌다. 적절한 주제를 잡고 세부 디자인이나 구성을 짤 때, 내 상상 속에 있던 콘텐츠들이 내 손으로 직접 만들어지는 과정을 지켜보면 뿌듯하기도 하고, 온라인상으로 드러나는 작업물이기 때문에 좀 더 신경 써서 만들게 되는 것 같다. 결국 시의적절한 콘텐츠로 높은 사용자 반응을 이끌어 낼 수 있었는데, 이러한 객관적 수치를 바탕으로 '콘텐츠 제작'이라는 부분이 내가 흥미를 느끼고 잘할 수 있는 것 중 하나라는 점을 알게 되었다. _**최수진**

4. 변화를 통해 최소한의 노력으로 최대의 결과를 달성할 수 있는 영역은 무엇인가요?

우리들의 이야기

변화를 통해 최소한의 노력으로 최대의 결과를 달성할 수 있는 영역은 주변 사람에게 따뜻한 말을 건네는 것이다. 이 노력은 경제적 비용이 들지 않고 많은 시간을 들일 필요도 없지만, 말 한마디로 큰 변화를 가져올 수 있으며 그 변화는 아주 큰 영향을 미친다고 생각한다. 이런 경험을 교육봉사를 하면서 많이 느꼈다. 개인적인 상처가 많은 아이들은 처음에는 마음을 열지 않고 차갑게 대했지만, 내가 먼저 말을 건네고 따뜻하게 맞아 주며 칭찬해 주자 점차 마음을 열고 나를 잘 따라 주었다. 이렇게 말 한마디라도 어떻게 하느냐에 따라 변화가 생기고, 그 변화는 그 순간에만 그치지 않고 사람과의 관계에서 지속적으로 작용하는 것 같다. _이하경

| REFLECTION QUESTION 문제 해결 |

1. 당신이 가장 걱정하고 있는 문제는 무엇인가요?
   - 지금 어떤 문제들과 싸우고 있나요?

2. 이 상황에서 어떤 해결책이 있을까요?
   - 해결 방안을 생각해 보고 시도해 보세요.

3. 현재 준비가 부족하다고 느끼는 문제는 무엇인가요?
   - 그 문제를 해결하기 위해 어떤 준비가 필요한가요?

4. 일생에서 가장 좌절했던 때는 언제인가요?
   - 그 상황을 어떻게 극복했나요?

5. 당신의 부모님들은 어떻게 어려운 문제를 성공적으로 해결하셨나요?
   - 가장 어려웠던 문제와 그 해결 방법을 떠올려 보세요.

6. 변화를 통해 최소한의 노력으로 최대의 결과를 얻을 수 있는 영역은 어디인가요?
   • 어떤 부분에서 효율성을 높일 수 있을까요?

7. 당신과 다른 사람들 간의 논쟁은 주로 어디서 시작되나요?
   • 반복되는 갈등의 원인은 무엇인가요?

8. 문제를 해결하려는 결정적인 순간에 어떤 어려움을 겪었나요?
   • 그 경험이 다른 사람을 위하는 데 어떤 도움이 되나요?

9. 지금까지 가장 큰 위험을 감수하며 했던 일은 무엇인가요?
   • 그 일의 가치와 결과는 어땠나요?

10. 오늘 밤 당신이 자는 동안 모든 문제가 해결된다면, 내일은 어떻게 변해 있을까요?
    • 문제 해결 후의 변화를 상상해 보세요.

태도

당신이 보고 있는 사람이
곧 당신이다.

우리 삶에 지대한 영향을 미치는 두 가지 중요한 요소인 '태도'와 '습관'에 대해 심층적으로 논의해 보려 한다. 이 두 가지는 서로 밀접하게 연결되어 있으며, 우리의 삶의 방향과 질을 결정짓는 핵심적인 역할을 한다.

태도: 내면의 색깔을 드러내는 거울

태도는 단순히 겉으로 보이는 모습이 아니라 우리의 생각, 감정, 신념이 외부 세계와의 상호작용을 통해 표출되는 복합적인 방식이다. 마치 거울이 빛을 반사하듯 태도는 외부 자극에 대한 우리의 내면을 반영한다. 태도는 특정 대상, 사람, 사물, 사건에 대한 우리의 평가적 반응이다. 이는 세 가지 요소, 즉 인지적(생각), 감정적(느낌), 행동적(행동 경향) 요소로 구성된다.

태도는 다양한 경로를 통해 형성된다. 직접적인 경험, 타인의 영향, 사회적 학습 등이 대표적인 예다. 긍정적인 경험을 반복하면 그 대상에 대해 긍정적인 태도를 갖게 되고, 부정적인 경험을 반복하면 부정적인 태도를 갖게 된다. 예를 들어, 어릴 때 개에게 물린 경험이 있는 사람은 개에 대한 부정적인 태도를 가질 수 있다. 또한 부모나 친구의 의견, 미디어의 영향 등을 통해 특정 대상에 대한 태도를 형성하기도 한다.

태도는 행동에 영향을 미치는 중요한 요인이다. 긍정적인 태도는 긍정적인 행동으로, 부정적인 태도는 부정적인 행동으로 이어지는 경향이 있다. 예를 들어, 환경 보호에 대해서 긍정적인 태도를 가진 사람은 재활용을 실천하거나 대중교통을 이용하는 등의 행동을 보일 가능성이 높다. 하지만 태도와 행동이 항상 일치하는 것은 아니다. 상황적인 요인, 사회적 압력, 개인의 의지 등에 따라 태도와 다른 행동을 보이기도 한다. 예를 들어, 다이어트를 해야 한다고 생각하면서도 맛있는 음식을 보면 참지 못하는 경우가 태도와 행동의 불일치를 보여 주는 사례라고 할 수 있다. 하지만 장기적으로 보면, 태도는 행동을 예측하는 중요한 지표가 된다. 반복적인 태도는 특정한 행동 패턴을 만들고, 이는 결국 습관으로 이어지기 때문이다. 그렇다면 좋은 태도를 만드는 방법에는 어떤 것이 있을까?

"Attitude is everything(태도가 모든 것이다)"라는 말은 헬렌 켈러의 명언으로 잘 알려져 있다. 헬렌 켈러는 시각과 청각, 언어에 장애가 있음에도 이를 극복하고 대학을 졸업하여 자신과 비슷한 어려움을 겪는 사람들을 도왔다. 그녀는 우리에게 태도의 중요성을 일깨워 준다.

첫째, 긍정적인 사고방식을 가져야 한다. 헬렌 켈러는 "세상은 고통으로 가득 차 있지만, 그것을 극복하는 사람들로도 가득 차 있다"고 말했다. 어떤 상황에서도 긍정적으로 생각하는 것이 중요하다. 펜싱 선수 박상영은 2016년 리우 올림픽에서 "할 수 있다"는 긍정적인 마음가짐으로 역전

승을 거두며 한국 올림픽 역사상 최초의 펜싱 에페 금메달을 따냈다. 그는 헝가리의 게자 임레 선수와의 경기에서 10 대 14로 뒤지고 있었으나, 경기 종료 3분을 남기고 "할 수 있다"라는 말을 수십 번 되뇌며 저돌적으로 공격했고, 마침내 15 대 14로 극적인 승리를 이루어 냈다. 긍정적인 마인드는 어려운 상황에서도 해결책을 찾고 희망을 유지하는 데 큰 도움이 된다.

둘째, 배움에 대한 겸손함을 가져야 한다. 끊임없이 배우려는 자세를 유지하는 것은 중요하다. 우리나라 국립중앙도서관에는 책이 몇 권 있을까? 2023년 기준, 국립중앙도서관은 세계 10위의 도서관으로 1,300만 권 이상의 장서를 보유하고 있다. 그러나 우리나라 국민은 1년에 평균 3.9권의 책을 읽고, 대학생들도 대부분 10권 미만을 읽는다고 한다. 헬렌 켈러는 "배움은 끝이 없다"고 강조했다. 세상에는 배울 것이 무궁무진하기 때문에 항상 배우고자 하는 마음을 가져야 한다는 것이다. 당신은 평생 몇 권의 책을 읽고 싶은가? 많이 읽고 싶은가? 그렇다면 지금 당장 스마트폰을 내려놓고 그 손으로 책을 잡아라.

셋째, 인내심과 끈기를 가져야 한다. 좋은 태도를 기르는 데에는 인내심이 필요하다. 예를 들어 2차 세계대전 당시 영국의 총리였던 처칠은 런던이 수많은 공습을 받는 동안에도 국민에게 굳은 의지를 보여 주었다. 그는 라디오 방송을 통해 "우리는 해변에서, 상륙 지점에서, 들판과 거리에서, 언덕에서 싸울 것이다. 우리는 절대 항복하지 않을 것이다"라고 말하며 국민에게 희망과 용기를 주었다. 8개월 동안 계속된 독일의 공습으로 인해 100만 채의 주택이 파괴되고 4만 명이 사망하고 약 14만 명이 부상을 당했지만, 영국 국민의 인내와 저항정신은 결국 전쟁을 승리로 이끄는 원동력이 되었다.

이렇듯 긍정적인 사고, 끊임없는 배움, 그리고 인내심은 개인은 물론 조직의 발전과 성공을 위해 매우 중요한 태도다.

좋은 태도를 만드는 데는 시간이 필요하다. 습관 형성에 필요한 기간은 개인차가 크지만, 평균적으로 66일 정도가 소요된다는 연구 결과가 있다. 이는 단순히 행동을 반복하는 것뿐만 아니라, 그 행동에 대한 내면적인 태도 변화까지 포함하는 시간이다. 즉, 행동의 반복과 함께 그 행동에 대한 긍정적인 태도를 형성하는 것이 중요하다. 예를 들어, 매일 아침 조깅하는 습관을 들이려고 할 때, 처음에는 힘들더라도 조깅 후의 상쾌함이나 건강해지는 느낌 등 긍정적인 경험을 통해 조깅에 대한 긍정적인 태도를 갖게 되면 습관 형성에 도움이 된다.

태도는 인간관계, 직업적 성공, 정신건강 등에 큰 영향을 미치며, 긍정적인 태도는 더 나은 결과를 가져온다. 긍정적인 태도를 가진 사람은 어려운 상황에서도 긍정적인 면을 찾으려 노력하고 문제 해결에 적극적으로 임한다. 반면 부정적인 태도를 가진 사람은 쉽게 좌절하고 상황을 비관적으로 받아들이는 경향이 있다. 예를 들어, 같은 실수를 하더라도 긍정적인 태도를 가진 사람은 실수를 통해 배우고 발전하려 하지만, 부정적인 태도를 가진 사람은 좌절하고 포기할 가능성이 높다.

그럼에도 불구하고 태도를 바꾸는 것은 결코 쉬운 일이 아니다. 특히 오랫동안 형성된 태도는 더욱 바꾸기 어렵다. 마치 오른손잡이가 왼손으로 글씨를 쓰려고 하는 것처럼 어색하고 불편할 수 있다. 하지만 의식적인 노력과 반복적인 실천을 통해 태도를 변화시킬 수 있다.

습관: 자동화된 행동의 패턴

습관은 반복적인 행동이 자동화된 형태로, 특정 상황에서 무의식적으로 나타나는 행동 패턴이다. 즉, 태도가 반복적인 행동으로 굳어진 것이 바로 습관이다. 습관은 신호^{Cue}, 반복 행동^{Routine}, 보상^{Reward}의 세 가지 요소로 구성된다. 이를 '습관 고리$^{Habit\ Loop}$'라고도 한다. 특정 신호(예: 아침에 일어나는 것)가 주어지면, 특정 행동(예: 커피를 마시는 것)을 하게 되고, 그 결과로 특정 보상(예: 각성 효과, 맛있는 맛)을 얻게 된다. 이러한 과정이 반복되면서 습관이 형성된다.

경영학자 스티븐 코비$^{Stephen\ Richards\ Covey}$는 「성공하는 사람들의 7가지 습관」에서 개인의 효과성을 극대화하는 좋은 습관 7가지를 제시하고 있다.

> 첫째, 자신의 삶을 주도하라. 수동적인 자세에서 벗어나, 자신의 선택과 행동에 책임을 지고 능동적으로 삶을 이끌어 나가야 한다. 상황에 휩쓸리는 것이 아니라, 상황을 만들어 가는 사람이 되라.
> 둘째, 끝을 생각하며 시작하라. 인생의 궁극적인 목표, 즉 자신이 진정으로 추구하는 바가 무엇인지를 명확히 설정하고, 그 목표를 향해 정진하고 현재의 행동이 미래의 목표와 일관성을 가져야 한다.
> 셋째, 소중한 것을 먼저 하라. 이는 시간 관리의 핵심 원칙으로서, 긴급한 일에 매몰되지 않고 중요한 일을 우선적으로 처리해야 한다. 목표 달성에 실질적인 도움이 되는 활동에 집중함으로써 효율성을 극대화해야 한다.
> 넷째, 윈-윈을 생각하라. 모든 인간관계에서 상호 이익을 도모하는 해결책을 모색해야 한다. 일방적인 승리가 아닌, 쌍방 모두에게 이득이 되는 결과를 추구함으로써 지속 가능한 협력 관계를 구축할 수 있다.
> 다섯째, 먼저 이해하고 다음에 이해시켜라. 상대방의 말을 주의 깊게 듣고 그들의 관점을 먼저 이해하려는 노력이 선행되어야 하며, 이후 자신의

의견을 명확하게 전달해야 한다. 이를 통해 상호 간에 이해를 증진할 수 있다.

여섯째, 시너지를 내라. 개인의 역량을 넘어서 더 큰 성과를 창출하려면 상호 협력의 가치를 극대화해야 한다. 서로 다른 강점을 가진 사람들이 협력할 때, 단순한 합 이상의 시너지 효과를 발휘할 수 있다.

일곱째, 끊임없이 쇄신하라. 장기적인 성공을 위해서는 신체, 정신, 영혼, 감정의 영역에서 균형을 이루는 꾸준한 자기 관리가 필수적이다. 기도, 명상, 운동, 봉사, 독서 등을 통해 지속적인 자기 계발을 추구해야 한다.

좋은 습관이 있는 반면, 우리 삶에 장애물이 되는 나쁜 습관도 있다. 이러한 나쁜 습관을 개선하기 위해서는 먼저 그 습관의 메커니즘을 분석해야 한다. 어떤 신호가 나쁜 행동을 유발하는지, 그 행동을 통해 얻는 보상은 무엇인지 파악해야 한다. 그리고 그 보상을 대체할 수 있는 긍정적인 행동을 찾아 실천해야 한다. 예를 들어, 밤늦게까지 스마트폰을 하는 습관의 경우, '침대에 눕는 것'이라는 신호가 '스마트폰을 사용하는 것'이라는 행동을 유발하고, '재미있는 콘텐츠를 보는 것'이라는 보상을 얻게 된다. 이 경우, '침대에 눕기 전 책을 읽는 것'과 같은 다른 행동으로 대체하거나, 스마트폰 사용 시간을 제한하는 등의 방법을 통해 습관을 개선할 수 있다.

새로운 습관을 만들고 유지하는 것은 쉽지 않다. 꾸준한 노력과 의지가 필요하며, 목표를 명확히 하고 작은 단계부터 시작하는 것이 중요하다. 또한 주변 사람들의 지지와 격려를 받는 것도 큰 도움이 된다. 습관을 유지하기 위해서는 '매일 운동하기'보다는 '매일 아침 30분 조깅하기'와 같이 구체적인 목표를 설정하는 것이 좋다.

자신감은 자신이 어떤 일을 해낼 수 있다고 믿는 긍정적인 기대이고, 자존감은 자신을 가치 있는 존재로 여기는 감정이다. 이 두 가지는 서로 밀접하게 연관되어 있으며, 우리의 태도와 행동에 큰 영향을 미친다. 자신감이 부족하면 새로운 도전을 두려워하게 되고, 자존감이 낮으면 자신을 부정적으로 평가하게 된다.

자신감이 행동에 미치는 영향을 잘 보여 준 사례가 있다. 한 여성이 있었다. 그녀는 한 번도 농구공을 던져 본 적이 없는 변호사였다. 그런 그녀가 농구 골대에 공을 넣지 못할 것이라고 단정 짓는 것은 어찌 보면 당연한 일이다. 그럼에도 불구하고 코치의 격려와 긍정적인 피드백을 통해 그녀는 자신의 능력을 믿고 자신감을 재발견하여 골을 성공시킬 수 있었다. 이처럼 내가 나 자신을 믿는 것이 무엇보다 중요하다. 나를 믿지 못하면 그 누구도 나를 믿어 주지 않는다. 마음속의 '할 수 없어(can't)'라는 생각을 '할 수 있다(can)'는 긍정적인 생각으로 바꾸는 것이 중요하다. 자신이 사랑받을 만한 가치 있는 존재라는 것을 스스로 인정해야 진정한 자신감이 생긴다.

결론적으로, 태도와 습관은 우리의 삶을 만들어 가는 중요한 두 축이다. 긍정적인 태도를 함양하고 좋은 습관을 형성하기 위한 꾸준한 노력은 우리를 더욱 행복하고 성공적인 삶으로 이끌어 줄 것이다.

독립운동가 김구 선생이 애송했던 유명한 시 한 편을 소개한다. 고국을 떠나 오랜 기간 망명정부의 리더로서 위험과 고독함 속에서도 흔들리지 않는 삶의 태도를 지키기 위해 몸부림쳤던 거친 숨소리가 지금도 생생하게 들리는 듯하다.

야설 野雪

눈 내린 들판을 걸어갈 제 踏雪野中去(답설야중거)
함부로 어지러이 걷지 마라 不須胡亂行(불수호란행)
오늘 내가 걸어간 발자국이 今日我行跡(금일아행적)
뒷사람의 이정표가 되리니 遂作後人程(수작후인정)

– 이양연 李亮淵, 1771~1853

KEY GUIDE 태도

1. 당신이 가장 바람직하다고 생각하는 태도는 어떤 모습인가요?

   1)

   2)

   3)

2. 그 행동을 하는 진짜 이유는 무엇이라 생각하는지 적어 보세요.

3. 당신의 강점을 활용하여 새롭게 도전할 습관을 찾아보세요. 어떤 것들이 있나요?

   1)

   2)

   3)

4. 대체한 행동을 66일(약 10주차) 동안 반복하고 그 과정을 한 주마다 체크해 보세요. 처음 시작하기 전과 달라진 점은 무엇인가요?

| KEY QUESTION 태도 |

1. 당신을 미래의 성공으로 이끌 것이라고 생각하는 좋은 습관은 어떤 것인가요?

우리들의 이야기

플래너를 꾸준히 작성하는 것이다. 고등학생 때부터 매년 한 권씩 플래너를 작성하고 있는데, 1년 동안의 내 모습을 돌아볼 수 있는 가장 큰 자산인 것 같다. 처음에는 일의 우선순위를 파악하기 위해서 플래너를 작성하기 시작했다. 하고 싶은 것만 하는 내 나쁜 습관을 교정하기 위해 해야 할 일들, 한 일들을 적기 시작했는데, 지금은 내 일정 관리뿐만 아니라 항상 가지고 다니며 떠오르는 아이디어를 적는 용도로도 사용하고 있다. _**유은솔**

어떤 사람과 대화를 하다 보면, 상대방이 내가 알고 있는 지식과 경험을 흡입기로 빨아들이는 것과 같은 이상한 느낌을 받을 때가 있을 것이다. 이런 사람은 고도의 집중력으로 다른 사람에게서 자신이 필요한 것이면 무엇이든 배우려는 마음가짐과 자세를 가지고 있는데, 이런 사람을 가리켜 '스펀지 같은 사람'이라고 부른다. 바로 그 사람이 나의 모습과 같다. 나의 가장 큰 장점 중 하나는 바로 누군가를 동경하기 시작하면 끈질기게 파고드는 것이라고 생각한다. 그 사람을 계속 생각하고 무엇인가를 본받고 싶다는 생각이 들면서 자연스럽게 나도 그 사람을 따라 하게 된다. 마치 좋아하는 이 앞에서 그 사람의 웃는 웃음을 따라 하는 것처럼 말이다. 그 사람에게 본받을 점이 내게 그대로 옮겨진다. 다른 사람의 좋은 습관이나 행동을 벤치마킹하는 나의 습관이 내 미래를 성공으로 안내할 것이라 믿는다. 아직 스펀지 같은 사람이 되기 위해서는 부족한 점이 많다. 모든 사람에게서 배우려는 자세에서 하루가 다르게 성장하는 모습을 볼 수 있을 것이다. _**박성실**

2. 비록 상황이 바뀌지 않더라도, 당신이 끝까지 지켜야 할 태도와 철학은 어떤 것인가요?

우리들의 이야기

학창 시절 자신의 장점을 적는 칸에 '책임감이 있다'라고 별생각 없이 썼다. 그런데 살다 보니 '책임감'이라는 단어는 그렇게 쉬운 단어가 아니었다. 책임을 지기 위해서는 희생을 감수해야 할 줄도 알아야 한다는 것을 깨달았다. 그리고 나 혼자 책임을 진다고 해결되는 것이 아니었다. 내가 책임을 지겠다고 한 행동이 다른 사람들에게도 책임을 지게 만들 수 있다. 책임에 따른 결과가 항상 좋은 것만은 아니다. 어떠한 것에도 정해진 답은 없다. 정답과 오답을 기준 짓는 것은 나 자신이기에, 정답을 만들어 나가려 노력할 것이다. _조유진

지켜야 할 것은 '꾸준함'이라는 태도다. 꾸준함의 태도라 함은 처음과 같은 열정으로 지속적인 행동을 보여 주는 것이다. 이러한 태도에는 많은 시간과 노력이 필요한데, 이는 내가 중요하다고 생각하는 것 중 하나다. 꾸준함은 모든 선택에 있어서 신중을 기하고 결과를 생각하는 것이라고 본다. 앞으로도 매 순간 선택의 연속선상에 있는 삶을 살겠지만, 나는 어떠한 선택을 하든지 선택에 따른 결과와 책임을 회피하지 않을 것이다. _선효진

3. 당신이 반복적으로 보이는 좋은 행동이나 생각의 패턴이 있나요? 그것을 지속할 수 있는 이유는 무엇인가요?

우리들의 이야기

사람들의 표정이나 행동의 변화를 감지하고 그 사람이 지금 어떤 마음의 상태인지 읽고 어떻게 배려할 수 있을지 생각해 보는 것이다. 보통 어떤 프로젝트나 일을 진행할 때, 대부분의 사람들은 일의 성취나 성공에 관심을 두기 때문에 참여자들의 마음을 배제하는 경우가 많다. 하지만 나는 참여자들이 각각 기쁨과 만족으로 협력하지 않는다면, 그 일이 성공적인 것처럼 보일지라도 완전한 성공이라 생각하지 않는다. 따라서 나는 타인의 마음과 생각을 파악하려고 노력하고, 모두 함께 갈 수 있도록 한다. 사람들이 나의 격려와 위로에 힘을 얻어 함께 프로젝트를 진행하고 결과적으로 성공을 이루면 그 만족감과 뿌듯함이 매우 크다. 그 깊은 만족감이 나로 하여금 그 역할을 계속 수행하게 한다. _이민주

4. 현재 당신의 삶에서 균형을 맞추도록 하는 것은 무엇인가요?

우리들의 이야기

삶에는 여러 가지 요소가 있다. 필리핀에 교육 봉사를 다녀오면서 여러 일 가운데 하나님의 메시지와 뜻을 보고 들으며 감사할 일이 참 많았다. 그중에서도 현지에서 교육 프로그램에 참여했던 4학년 학생을 통해 인생에 두고두고 남을 큰 깨달음을 얻었다. 그 친구는 교육 마지막 날 나에게 그동안의 고마움을 담아 편지를 써 주었다. 내 앞날을 축복하며 마지막에 남겨 준 한 줄이 내 머리를 '꽝'하고 때렸다. "If God is at the center of your heart, everything else in your life will be balanced." 내 삶이 어딘가에서 균형을 잃어간다고 느껴질 때, 의심해 봐야 할 것은 다른 어떤 것도 아닌, 바로 모든 것의 균형을 완벽히 맞춰 주시는 하나님이 지금 내 중심에 계신가 하는 것이다. 지금까지도 그리고 앞으로도 어려움을 마주할 때마다 떠올릴 이 한마디가 정말 소중하게 다가왔다. _유혜원

현재 내 삶의 균형을 맞추는 방법은 해야 할 일이 있을 때는 그것에 온전히 집중하고, 그 일이 끝나면 나에게 휴식을 주는 것이다. 바쁘고 정신없는 일상이 이어지더라도 그 일이 끝나고 나면 반드시 자신에게 휴식을 줘야 한다고 생각한다. 그렇지 않으면 단기적으로는 괜찮을지라도 시간이 지나면서 체력적으로나 정신적으로 지치고 무기력해질 수 있기 때문에, 나는 하고 있는 일에 집중하고 열정을 쏟되 평소 하고 싶었던 취미나 재미있는 일들로 에너지를 다시 채워 넣는다. _이하경

> REFLECTION QUESTION 태도

1. 어떨 때, 무엇이 당신의 심장을 두근거리게 하나요?
   - 어떤 순간들이 당신에게 설렘을 주나요?

2. 미래의 성공으로 이끌 것이라고 생각하는 좋은 습관은 무엇인가요?
   - 어떤 습관이 당신에게 긍정적인 영향을 주나요?

3. 반복적으로 보이는 좋은 행동이나 생각의 패턴이 있나요?
   - 그것을 지속할 수 있는 이유는 무엇인가요?

4. 하나만 바꾸고 싶은 습관이 있다면 무엇인가요?
   - 그 습관을 선택한 이유는 무엇인가요?

5. 소망하는 일을 성취하기 위해 가장 필요한 내적 변화는 무엇인가요?
   - 어떤 내적 변화가 목표 달성에 도움이 될까요?

6. 당신의 행동은 주변 사람들에게 어떤 영향을 미치나요?
   - 누가 도움을 받고, 누가 어려움을 겪나요?

7. 어떤 행동과 말이 상대방을 더 빨리 움직이게 할 수 있을까요?
   - 사람들에게 긍정적인 동기를 주는 방법은 무엇인가요?

8. 어려운 상황을 극복하고 잘 끝내면, 그것이 미래에 어떤 유익을 줄까요?
   - 그 경험에서 무엇을 배울 수 있을까요?

9. 당신이 직면한 더 큰 도전에 대처하기 위해 지금 할 수 있는 시도는 무엇인가요?
   - 지금 바로 시작할 수 있는 행동은 무엇인가요?

10. 일이 삶을 소진시키지 않도록 균형을 유지하는 방법은 무엇인가요?
    - 어떻게 하면 일과 삶의 균형을 지킬 수 있을까요?

3부
나는 어떻게 살 것인가

5. 선한 영향력

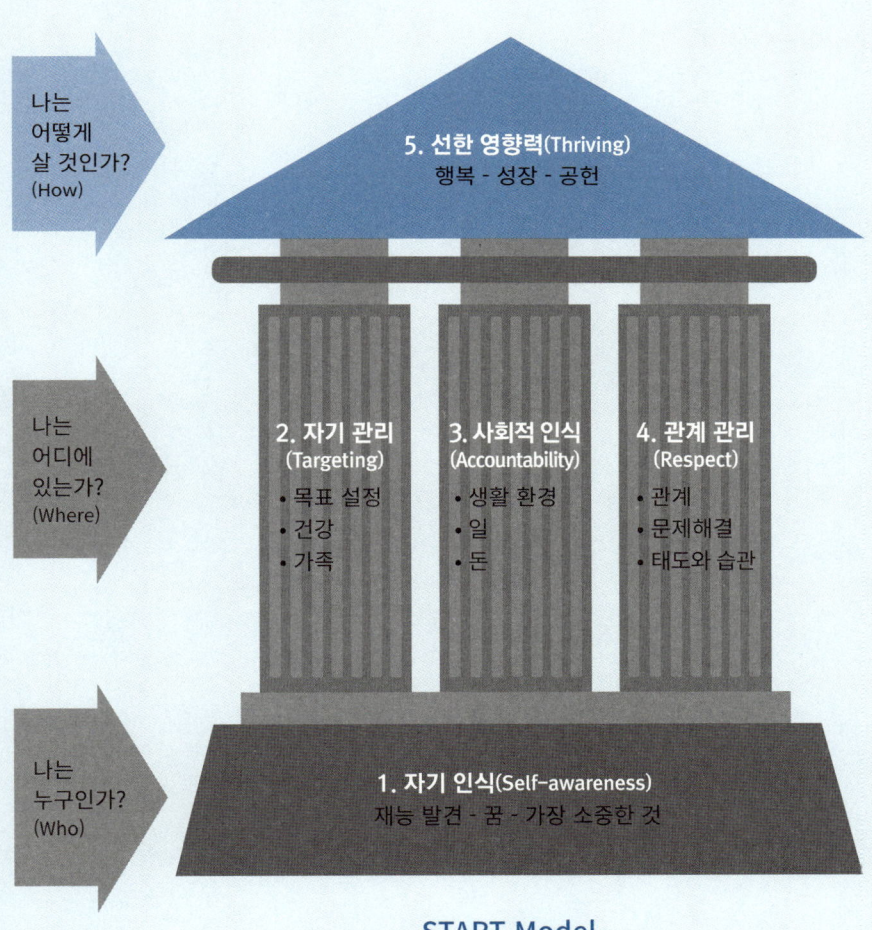

START Model
©2025 Copyright 이동우

행복

당신의 마음속에 '행복의 버킷',
그 안을 어떤 것으로 채우셨습니까?

행복에 대해 심도 있게 논해 보자. 행복이란 무엇인가? 행복은 단순히 물질적인 소유나 외부 조건에만 의존하는 것이 아니라, 우리의 생각과 느낌, 그리고 삶의 방식과 밀접하게 연결되어 있다. 한국어로 행복은 '뿌듯함'이라고도 표현되며, 이는 단순히 즐거운 순간을 넘어 어려움을 극복하고 성취를 했을 때 느끼는 내면의 만족감을 의미한다. 즉, 행복은 좋은 일이 있을 때만 찾아오는 것이 아니라, 역경을 헤쳐 나가는 과정과 그 결과에서 발견될 수 있는 것이다. 인간관계 역시 행복의 중요한 부분을 차지한다.

마틴 셀리그먼Martin Seligman은 긍정심리학의 창시자로, 사람들이 어떻게 행복하고 건강하게 살아갈 수 있는지 과학적으로 연구하는 데 큰 공헌을 했다. 그는 행복을 순간적인 쾌락이나 즐거움으로만 정의하는 것을 넘어, 삶의 다양한 영역에서 느끼는 충만함, 즉 웰빙well-being의 개념으로 확장했다. 셀리그먼은 이러한 충만감을 구성하는 다섯 가지 핵심 요소, 즉 PERMA 모델을 제시했고, 개인이 가진 고유한 강점을 발견하고 활용하는 것이 행복 증진에 매우 중요하다고 강조했다.

　　PERMA는 다음 다섯 가지 요소의 머리글자를 따서 만든 용어다. 각 요소는 행복과 웰빙을 구성하는 중요한 축을 이룬다.

긍정적인 정서 Positive Emotion

기쁨, 즐거움, 감사, 희망, 사랑, 평화 등 긍정적인 감정을 경험하는 것은 행복의 중요한 기반이다. 긍정적인 정서는 단순히 일시적인 감정 상태를 넘어, 우리의 사고방식과 행동, 심지어 신체 건강에도 긍정적인 영향을 미친다. 과거의 좋았던 기억을 되새기며 감사하는 마음을 갖고, 현재의 소소한 즐거움을 만끽하며, 미래에 대한 낙관적인 기대를 갖는 것이 중요하다. 긍정심리학에서는 이런 긍정적인 정서를 증진시키기 위한 다양한 기법들을 연구하고 있다. 예를 들어, 감사 일기를 쓰거나 긍정적인 경험을 다른 사람과 공유하는 것 등이 도움이 될 수 있다.

몰입 Engagement

자신이 하는 일에 완전히 집중하고 몰두하여 시간 가는 줄 모르는 상태, 즉 '몰입flow' 또는 '황홀경'을 경험하는 것을 의미한다. 몰입은 우리가 가진 능력을 최대한 발휘하고 과제에 완전히 몰두함으로써 내면의 만족감과 성취감을 느끼게 한다. 좋아하는 일에 푹 빠져 있거나 어려운 과제에 도전하여 집중력을 발휘하는 경험이 이에 해당한다. 이러한 몰입 경험은 우리의 삶에 활력을 불어넣고 행복감을 증진시킨다. 몰입을 경험하기 위해서는 자신의 능력에 맞는 적절한 난이도의 과제를 선택하고 목표를 명확히 설정하는 것이 중요하다.

관계 Relationships

가족, 친구, 동료, 연인 등 주변 사람들과 의미 있고 긍정적인 관계를 맺고 유지하는 것은 행복의 중요한 요소다. 인간은 사회적 동물이기 때문에, 타인과의 연결감과 소속감은 우리의 정서적 안정과 행복에 큰 영향을 미친다. 사랑하는 사람과의 친밀한 관계, 가족과의 따뜻한 교류, 동료와의 협력적인 관계는 우리 삶의 중요한 지지 기반이 된다. 긍정적인 관계를 위해서는 상대방의 말을 경청하고 공감하며 지지하고 함께 시간을 보내는 노력을 해야 한다.

의미 Meaning

삶의 목적과 의미를 발견하고 자신보다 더 큰 무언가에 기여하는 것은 깊은 차원의 행복으로 이어질 수 있다. 우리는 단순히 개인적인 만족을 넘어 사회나 공동체, 혹은 자신이 믿는 가치에 기여함으로 삶의 의미를 발견한다. 즉 봉사 활동, 종교 활동, 사회 운동 참여, 예술 활동 등을 통해 삶의 의미를 찾을 수 있다. 삶의 의미를 찾는 것은 삶의 방향을 제시하고, 어려움을 극복할 수 있는 동기를 부여하며, 궁극적인 만족감을 준다.

성취 Accomplishment

목표를 달성하고 성공 경험을 통해 성취감과 만족감을 느끼는 것은 행복의 중요한 부분이다. 작은 목표부터 큰 목표까지, 꾸준히 노력하고 성취를 이루어 내는 과정은 자신감을 높여 주고 삶에 대한 통제감을 느끼게 해준다. 목표 달성은 단순히 결과뿐 아니라, 목표를 향해 노력하는 과정 자체에서도 의미와 만족을 찾을 수 있도록 해준다. 중요한 것은 현실적이고 달성 가능한 목표를 설정하여 꾸준히 노력하는 것이다.

셀리그먼은 이 다섯 가지 요소가 서로 영향을 주고받으며, 이 요소들을 균형 있게 추구함으로써 진정으로 행복하고 만족스러운 삶을 살 수 있다고 주장한다. 즉 긍정적인 감정을 느끼고, 무언가에 몰입하며, 좋은 관계를 맺고, 삶의 의미를 찾으며, 목표를 이루어 나가는 것이 행복의 중요한 조건인 것이다.

이제 당신의 마음속에 '행복의 버킷'이 있다고 상상해 보자. 그 안을 무엇으로 채우겠는가? 돈, 시간, 지위, 명예 등 여러 가지가 있을 수 있다. 하지만 이러한 외적인 요소들로 버킷을 가득 채워야만 진정으로 행복할까? 행복은 마치 배터리처럼 쓴 만큼 다시 채워진다고 한다. 특히 내 마음속에 있는 긍정적인 감정과 에너지를 다른 사람과 나눌 때, 즉 다른 사람에게 베풀 때 나의 행복 지수는 더욱 올라간다. 이는 이타심이 가져다주는 행복, 즉 '돕는 행위'가 주는 긍정적인 효과를 보여 준다.

오늘 하루 누군가의 행복을 위해 진심으로 칭찬한 적이 있는가? 칭찬은 상대방뿐 아니라 자신에게도 긍정적인 영향을 미친다. 칭찬의 효과를 보여 주는 흥미로운 실험이 있다. 학생들이 22개 문제로 시험을 보았고 모두 똑같이 12개를 맞혔다. 시험을 마치고 학생들을 세 그룹으로 나누어 각기 다른 피드백을 주었다.

- A그룹: 칭찬("참 잘했다!")
- B그룹: 질책("22개 중에 반이나 틀렸네!")
- C그룹: 아무런 피드백 없음

다음 날 같은 시험을 다시 보았다. 결과는 놀라웠다.

- A그룹: 평균 17개 맞음 - 칭찬("어제도 잘했는데 오늘도 잘했네!")
- B그룹: 평균 17개 맞음 - 또 질책("어제랑 같은 문제인데 이것밖에 못해?")
- C그룹: 평균 12개 맞음 - 아무런 피드백 없음

3일 차에 같은 시험을 보았다. 결과적으로 칭찬을 받은 그룹은 71%, 질책을 받은 그룹은 57%, 아무런 피드백 없이 무관심했던 그룹은 5%의 성적 향상을 보였다. 이는 칭찬이라는 작은 행동이 얼마나 큰 긍정적인 효과를 가져올 수 있는지 보여 주는 명확한 사례다. 칭찬은 상대방의 자존감을 높여 주고 동기를 부여할 뿐 아니라, 칭찬하는 사람 자신에게도 긍정적인 감정을 불러일으킨다.

긍정적인 사고방식의 중요성을 보여 주는 또 다른 흥미로운 사례가 있다. 한 수녀원에서 수녀들이 수십 년에 걸쳐 일기처럼 쓴 기록물을 분석한 결과, 일기 내용에 긍정적인 단어를 많이 쓴 수녀들이 부정적인 단어를 쓴 사람들보다 훨씬 오래 살았다고 한다(평균 2.5배 이상). 이는 긍정적인 사고방식이 단순히 기분 좋은 상태를 넘어, 장수와 건강에도 큰 영향을 미친다는 것을 시사한다.

이제 행복한 인간관계로 초점을 옮겨 보겠다. 하버드대학교의 '장기 행복 연구'(성인 발달 연구)는 80년 넘게 사람들의 삶을 추적 분석한 결과, 행복의 핵심은 돈이나 명예보다 '좋은 관계'에 있다는 것을 밝혀냈다. 특히 관계의 '질'이 '양'보다 중요하며, 좋은 관계는 정신적·신체적 건강 모두에 긍정적인 영향을 미친다고 한다. 행복한 관계는 저절로 얻어지는 것이 아니므로 꾸준한 노력이 필요하며, 타인에 대한 관대함은 행복의 선순환을 만들어 낸다. 즉, 주변 사람들과 진솔하고 긍정적인 관계를 가꾸는 것이 진정한 행복의 비결이라고 연구는 말한다.

사람들은 관계를 어려워하면서도 동시에 좋은 관계를 맺고 싶어 한다. 어떻게 하면 건강하고 지속적으로 행복한 관계를 이어 나갈 수 있을까? 우리는 흔히 관계에서 '주고받는 것$^{give\ and\ take}$'이 중요하다고 한다. 하지만 진정으로 의미 있는 관계는 단순히 물질적인 것이나 형식적인 교류를 넘어, 서로의 마음을 나누고 지지하며 함께 성장하는 관계다. 내가 상대방에게 진정으로 줄 수 있는 것이 무엇인지 생각해 보자. 물질적인 선물이나 일시적인 호의를 넘어, 당신이 상대방에게 무한정으로 줄 수 있는 것은 무엇일까? 나는 '좋은 말', 즉 진정 어린 칭찬, 격려, 위로, 공감의 말이라고 생각한다. 당신의 내재된 강점을 활용하여 어떤 말로 상대방에게 긍정적인 영향을 미칠 수 있을지 깊이 생각해 보길 바란다.

때로는 관계를 잘 맺는 것만큼이나 관계를 현명하게 정리하는 것도 중요하다. 직장을 그만둘 때 흔히 "지나온 다리를 불태우지 마라"는 말을 한다. 이는 관계가 마음에 들지 않는다고 감정적으로 격하게 대응하거나, 상대방에게 상처를 주는 행동을 하지 말라는 것이다. 자, 이제 당신의 마음속 행복 버킷을 다시 한번 떠올려 보자. 당신의 행복 버킷은 얼마나 긍정적인 경험과 감정으로 가득 차 있는가? 90%로 거의 가득 차 있는가? 아니면 60% 정도인가? 아마도 매 순간 어떤 경험을 하고 어떤 감정을 느끼느냐에 따라 그 정도는 조금씩 달라질 것이다. 다만, 부정적인 경험은 긍정적인 경험보다 우리 마음과 생각에 훨씬 더 큰 영향을 미친다는 사실을 기억해 두자. 당신의 버킷에 가능한 한 많은 긍정에너지를 담아, 그 긍정적인 기운을 주변 사람들과 함께 나누며 더욱 행복한 관계를 만들어 가길 바란다.

KEY GUIDE 행복

마틴 셀리그먼의 행복의 5가지 요소(PERMA)를 바탕으로 각 질문에 답해 봅시다.

1. 기쁨 Positive Emotion : 가장 기뻤던 순간은 언제인가요?

2. 몰입 Engagement : 가장 열정적이었던 순간은 언제인가요?

3. 관계 Relationship : 가장 친한 친구는 누구인가요?

4. 의미 Meaning : 가장 의미 있고 감동적인 일은 어떤 것인가요?

5. 성취 Accomplishment : 내가 오늘 이룩한 가장 큰 성과는 무엇인가요?

KEY QUESTION 행복

1. 당신에게 행복이란 어떤 의미인가요?

우리들의 이야기

이건 나에게 매우 광범위하고 어려운 질문이다. 하지만 생각해 보면 그 순간을 즐길 수 있다면 그것이 나에게 행복으로 다가오는 것 같다. 행복은 상대적이어서 어느 날엔 초콜릿을 먹는 것만으로도 행복할 수 있지만, 또 다른 날에는 같은 시간과 장소에서 같은 초콜릿을 훨씬 많이 먹어도 전혀 행복을 느끼지 못할 수도 있다. 이는 내가 처한 상황과 주변에서 일어나는 많은 일들, 그리고 내가 지금 느끼고 있는 스트레스가 초콜릿을 먹는 그 순간을 온전히 즐기지 못하게 만들기 때문이다. 다른 걱정거리나 더 깊게 고민해야 할 것 없이 그 순간에 온전히 푹 빠져서 최선을 다해 웃고, 최선을 다해 울며, 내게 주어진 지금이라는 순간에만 온전히 충실할 수 있는 것이 행복이 아닐까? _유혜원

사전적으로 행복의 의미는 '복된 좋은 운수, 생활에서 충분한 만족과 기쁨을 느끼어 흐뭇함, 또는 그런 상태'다. 우리가 행복에 대해 고민하는 근본적인 이유는 "너와 나"가 존재하기 때문이라고 생각한다. 혼자서 살면 경쟁과 행복의 개념이 성립하기 어려울 것이다. 따라서 행복에 있어서는 항상 타인을 고려해야만 한다. 예를 들면 "내가 좋은 일을 행하였더니, 그로 인해 타인이 행복하게 되는 삶", 이런 삶을 사는 것이 행복한 삶이고, 행복한 세상일 것이다. 더불어 내가 생각하는 개인적인 행복은 하고 싶은 일을 할 수 있는 것이다. 가족 간의 행복은 서로에게 안부를 물을 수 있고 모든 희로애락을 함께 나눌 수 있는 것이다. 또한 사회적 행복이 있다면 사회 구성원 각자가 만족하며 살 수 있는 환경이라고 생각한다. 나는 'Amor fati(아모르 파티)'라는 말을 좋아한다. 이는 'Love your fate', 너의 주어진 조건들을 사랑하고 최선을 다해서 답을 찾아가자는 적극적인 개념이다. 지금의 내 모든 순간을 사랑하고 열심히 하다 보면 행복도 함께 올 것이라고 생각한다. 일어나지 않은 미래에 대해서 걱정하기보다 지금 이 순간에 충실하며 사는 것에서 행복은 멀리 있지 않을 것이다. 마지막으로 아르투르 쇼펜하우어의 말을 남기고 싶다. "행복은 자기 자신에 있다. 끝없는 욕망을 버려라. 지금 가진 것에 만족하라. 당당하게 살아라." _선효진

2. 꿈에서 있었던 일이 현실에서 그대로 이뤄지는 경험을 해본 적이 있나요? 어떤 꿈이 이뤄지길 원하나요?

우리들의 이야기

고등학교 때 과제로 가고 싶은 곳을 정해서 여행 책자를 만드는 일을 한 적이 있었다. 내가 알고 있던 외국은 이모가 살고 있는 캐나다의 핼리팩스 지역과 빨간머리 앤의 배경이 되었던 샬롯 타운 두 곳인데 조사해서 숙제를 했다. 직항 비행기는 없고 두세 번은 갈아타야 갈 수 있는 곳이기에 전혀 갈 거라는 생각도 안 했지만 마음으로는 품고 있었다. 언젠가는 꼭 가보겠다고! 그런데 마침 작년 여름 그 꿈을 이루었다. 앞으로의 내 꿈은 뉴욕에서 IT 관련 일을 하고 실리콘밸리에서 일을 배우다가 내 사업을 하는 것이다. 그래서 전 세계적으로 열광하는 비즈니스 플랫폼을 만들길 원한다. 이 꿈 역시 이뤄질 것이라 믿는다. 나는 단 1%의 가능성만 있어도 그걸 극대화하는 능력이 있고, 지금까지 그래왔기 때문이다. _김하영

3. 당신에게 풍요롭고 완전한 삶은 무엇인가요?

우리들의 이야기

LIVE, LAUGH, LOVE. 나에게 있어 풍요롭고 완전한 삶은 'LIVE: 살아 있음을 느끼고, LAUGH: 웃을 수 있고, LOVE: 사랑하는 사람과 함께할 때'이다. 먼저, LIVE는 주로 행복감을 느낄 때 살아 있음을 느낄 수 있었다. 행복은 나에게 멀리 있거나 찾아야 하는 것이 아니다. 좋아하는 것들을 할 때 느끼는 살아 있음이 곧 행복이었기 때문이다. 그리고 LAUGH는 즐거움을 의미한다. 즐거운 일을 하며 인생을 즐겁게 사는 것이 나에게 풍요로움과 완전함을 느끼게 해준다고 생각한다. 마지막으로, LOVE는 사랑하는 사람과 함께하는 시간을 의미한다. _최수진

많은 관계를 맺고 그 사이에서 나만의 공간이 있는 삶이다. 어쩌면 어렵게 느껴질 수 있지만, 풀어 쓰면 이런 것이다. 우선, 많은 관계를 맺는다는 것은 사람들과 많이 만나야 한다는 뜻이다. 즉, 발이 넓어서 내가 필요할 때 그 인연을 활용하며 폭넓은 인간관계를 갖는 것이다. 그리고 나만의 공간을 갖는다는 것은 말 그대로 나만의 시간을 갖고 나만의 직책과 위치를 갖는다는 의미다. 이를 통해 자유와 행복을 얻는 것이다. 종합하면, 개인적으로는 내가 사회에서 잘 되어 나의 위치와 직위, 이를 통한 만족감과 자유를 얻는 것이고, 그것을 기반으로 많은 사람들을 만나 좋은 인연을 맺는 것이 완전한 삶이라고 생각한다. _조해리

4. 인생이나 역할에서 당신 스스로의 감정에 가장 충만했던 때 당신은 어떤 일을 하고 있었나요? 그리고 왜 그 일은 당신에게 충만감을 주었나요?

우리들의 이야기

19세 때 피아노 연주회에서 스페셜 게스트로 참여한 일이다. 과거에 나는 초등학교 6년까지 피아노 학원에 다녔는데, 마지막 연주회 때 너무 긴장해서인지 곡을 치던 중간에 손을 멈췄다. 머릿속이 하얘진 것이다. 당황하는 나를 보며 피아노 선생님께서는 급하게 악보를 가지고 오셨다. 결국 악보를 보며 연주를 끝마쳤고, 그날의 기억이 약간의 트라우마로 남게 되어 피아노가 싫어졌다. 그렇게 그날의 기억은 가슴속에만 묻어두고 지내다가, 수능이 끝난 이후 동생을 통해 12월 말 피아노 연주회가 있다는 것을 알게 되었다. 무작정 피아노 선생님께 찾아가, 연주회 때 카메오로 잠깐 참여하고 싶다고 말씀드렸더니 흔쾌히 허락해 주셨다. 그 이후 한 달간 하루 6시간씩 피아노를 연습했다. 그리고 연주회 당일, 다행히 연습한 만큼 연주를 잘 마무리할 수 있었고, 그날 이후 나의 트라우마를 극복하게 되면서 다시 피아노를 좋아하게 되었다. 큰 무대에 오른다거나 대단한 일을 한 것도 아니었지만, 그날의 모습은 내가 인생에서 트라우마를 극복하고 내 감정과 생각에 가장 충만했던 순간이라고 생각한다. _양지성

2월에 혼자 다녀온 일본 여행이 내 스스로의 감정에 가장 충만했다고 생각한다. 그때 나는 6일 동안 도쿄를 여행했는데, 처음부터 끝까지 모두 혼자 찾아보고 결정했기 때문에 내 취향에 맞췄고 모두 내가 원하는 대로 했다. 일정을 짜다가 문득 가이드북에 있던 바다가 보고 싶어서 일정을 다시 짜기도 했고, 디즈니와 지브리를 좋아해서 남들이 모두 간다는 도쿄의 도심은 하루로 압축하고 디즈니씨와 지브리 스튜디오를 다녀오기도 했다. 또한 친구와 함께 갔었다면 매번 챙겨 먹었을 끼니도 거른 채 이리저리 구경하며 여행을 즐겼다. 이렇게 나에게 맞춘 여행을 다녀왔기에 후회도 없고 내 감정에 가장 충만했다고 생각한다. _정세하

> REFLECTION QUESTION 행복

1. 당신에게 행복이란 어떤 의미인가요?
   - 행복이란 무엇이라고 생각하나요?

2. 가장 행복했던 순간은 언제였나요?
   - 그때 어떤 일이 있었나요?

3. 인생에서 가장 에너지를 느꼈던 때는 언제였나요?
   - 그때 무엇을 하고 있었나요?

4. 가장 감정이 충만했던 순간에 어떤 일을 하고 있었나요?
   - 그 순간이 왜 특별했나요?

5. 지금은 행복의 어디쯤 있다고 느끼나요?
   - 가장 행복한 시절은 오고 있나요, 아니면 지나갔나요?

6. 당신에게 풍요롭고 완전한 삶이란 무엇인가요?
   • 어떤 삶이 충만하다고 생각하나요?

7. 어떻게 하면 더 행복해질 수 있을까요?
   • 행복을 늘리기 위한 방법은 무엇인가요?

8. 당신에게 안정감과 신뢰를 주는 것은 무엇인가요?
   • 어떤 것들이 당신을 편안하게 하나요?

9. 오늘 하루 감사한 일은 무엇인가요?
   • 어떤 일에 감사한 마음이 드나요?

10. 지금 당신의 삶에 대해 감사해야 할 것은 무엇인가요?
    • 어떤 것들에 대해 고마운 마음을 가져야 할까요?

성장

DO- Learn- Do- Run

존 맥스웰John C. Maxwell은 그의 책 「어떻게 배울 것인가」에서 단순한 지식 습득을 넘어, 삶의 모든 경험을 통해 배우고 성장하는 방법을 제시한다. 그는 삶을 배우고 성장하는 여정으로 보며, 인생을 학습과 성장이라고 정의한다. 논어에서 공자는 "배우고 때때로 익히면, 또한 즐겁지 아니한가?"라고 하며, 학습은 배움과 익힘이 함께하는 것임을 설명하고 있다. 그런 관점에서 배움과 성장에 대해 알아보자.

삶의 모든 순간은 배움의 기회다. 우리는 학교를 졸업한 이후에도 끊임없이 배운다. 직장에서 새로운 업무를 배우고, 인간관계에서 소통하는 방법을 배우며, 취미 활동을 통해 새로운 기술을 익히기도 한다. 이처럼 삶의 모든 순간은 배움의 연속이다. 배움을 효과적으로 만들기 위한 방법을 찾아보자.

첫째, 실패를 통해 배워라. 살다 보면 누구나 실패를 경험한다. 시험에 떨어지거나 사업에 실패하거나 인간관계에서 어려움을 겪을 수도 있다. 중요한 것은 실패에 좌절하지 않고 실패를 통해 무엇을 배울 수 있는지를 생각하는 것이다. 마치 넘어진 자리에서 일어나는 법을 배우는 것처럼, 실패는 우리를 더 강하게 만들어 준다. 맥스웰은 "잘했던 것은 기억하고, 힘들었던 것은 가슴에 새기라"라고 말한다. 즉, 성공 경험은 활용하고, 실패 경험은 교훈으로 삼아야 한다는 것이다. 예를 들어, 새로운 프로젝트를 진행하다가 실패했다면 무엇이 잘못되었는지 분석하고, 다음 프로젝트에서는 같은 실수를 반복하지 않도록 주의해야 한다. 이는 실패를 통해 배우는 중요한 과정이다. 내가 수업에서 자주 하는 말이 있다. "아무것도 하지 않으면 아무 일도 일어나지 않는다." 새로운 과제에 부딪히면서 배움이 일어나고 또 성장하는 것이다.

둘째, 겸손하게 배워라. 우리는 모든 것을 다 알 수 없다. 자신의 부족함을 인정하고, 다른 사람에게 배우려는 자세가 중요하다. 마치 스승에게 배우는 제자처럼, 겸손한 태도는 새로운 지식과 경험을 받아들이는 데 도움이 된다. 모르는 것을 물어보는 것을 부끄러워하지 마라. 오히려 질문을 통해 더 많은 것을 배울 수 있다. 겸손은 배움의 중요한 태도다. 유대인들은 자녀가 학교를 다녀오면 반드시 이렇게 물어본다고 한다. "오늘 학교에서 무엇을 질문했니?" 질문은 모른다는 사실을 겸손하게 내어놓는 것이다. 모르는 것이 부끄러운 것이 아니라 묻지 않는 것이 어리석은 것이다. 공자는 논어에서 "세 사람이 함께 길을 가면 거기에는 반드시 나의 스승이 있다"라고 말했다. 도처에 스승이 있다. 호기심을 가지고 겸손하게 물어보라.

셋째, 현실을 직시하라. 자신의 상황을 객관적으로 바라보는 것은 중요하다. 현실을 제대로 파악해야 현실적인 목표를 세우고 효과적으로 노력할 수 있다. 마치 지도를 보고 현재 위치를 파악하는 것처럼, 현실을 직시해야 올바른 방향으로 나아갈 수 있다. 현실 직시는 문제 해결의 중요한 첫 단계다. 복권에 당첨이 되려면 우선 복권을 사야 한다. 공부를 잘하고 싶으면 책을 붙잡아야 한다. 막연한 긍정적 사고에는 결국 현실을 도피하려는 인식이 내재되어 있다. 천 리 길도 한 걸음부터라는 말이 있다. 큰 꿈을 꾸더라도 현실을 바라봐야 한다. "Think big, start small"이라는 미국 속담을 다시 생각해 본다.

넷째, 선택에 책임을 져라. 우리는 매 순간 선택을 한다. 그리고 그 선택에는 책임이 따른다. 자신의 선택에 책임을 지는 것은 성숙한 자세다. 다른 사람이나 환경을 탓하는 것은 문제 해결에 도움이 되지 않는다. 예를 들어 중요한 일을 미루다가 마감 기한을 놓쳤다면, 자신의 게으름을 인정하고 다음부터는 미리미리 준비해야 한다. 책임감은 성숙한 사람의 중요한 특징이다. "뿌린 대로 거둔다"라는 속담이 있다. 알람이 울렸을 때 '5분만 더 잘까, 아니면 바로 일어날까?'라는 사소한 고민에서부터 우리는 선택을 시작한다. 이 작은 선택이 하루의 시작을 좌우할 수 있다. 늦잠을 자서 지각할 수도 있고, 여유롭게 하루를 시작할 수도 있다.

다섯째, 끊임없이 노력하라. 배움은 단기간에 끝나는 것이 아니라, 평생 지속해야 하는 과정이다. 마치 운동을 꾸준히 해야 몸이 건강해지는 것처럼, 배움도 꾸준한 노력이 필요하다. 포기하지 않고 꾸준히 노력하면 언젠가는 목표를 달성할 수 있다. 꾸준한 노력은 성장의 핵심 요소다. "하루를 연습하지 않으면 내가 알고, 이틀을 연습하지 않으면 아내가 알고, 사흘을 연습하지 않으면 청중이 안다"라는 말이 있다. 하루하루 부단히 자신을 갈고닦는 노력을 통해 계속 성장하고 발전할 수 있는 것이다. 파블로 카잘스$^{Pablo\ Casals}$는 20세기 최고의 첼리스트로, 90세가 넘어서까지도 매일 연습을 했다고 한다. 그는 "나는 연습을 한다. 그러면 신이 내 안으로 들어온다. 연습을 하지 않으면 신이 나를 떠난다"라고 말하며 연습을 신성한 의식처럼 여겼다고 한다. 단순히 손가락의 움직임만을 연습한 것이 아니라, 음악의 의미와 감정을 표현하기 위해 끊임없이 고민하고 연구했으며, 매일 아침 바흐의 첼로 모음곡을 연주하며 하루를 시작했다는 일화는 유명하다.

여섯째, 기대하라. 배우려는 마음은 삶에 대한 기대를 갖게 한다. 새로운 것을 배우는 것은 새로운 가능성을 여는 것이며, 더 나은 미래를 만들 수 있다는 희망을 준다. 마치 새로운 여행을 떠나기 전 설레는 마음처럼, 기대하는 마음은 배움을 더욱 즐겁게 만들어 준다. 기대는 배움의 중요한 동기 부여 요소다. "기대하는 것만큼 이루어진다"라는 말이 있다. 즉, "열심히 노력하면 좋은 결과를 얻을 수 있고, 좋은 결과를 얻으면 나에게 가치 있는 보상이 주어질 것이다"라고 믿을 때 동기가 부여되어 더 즐겁게 일하고 결국에는 좋은 성과를 낸다는 것이다. 당신은 어떤 것을 매일 기대하는가? 더 나은 미래의 나를 기대하라. 그러면 결국에는 이루어질 것이다. 대학의 은사님이 졸업식에서 하신 말씀이 기억난다. "유지자 사경성有志者 事竟成", 즉 "뜻을 가진 사람은 마침내 (그 뜻을) 이룬다"는 의미로 굳은 의지와 목표를 가지고 꾸준히 노력하면 결국에는 성공할 수 있다는 것을 강조하셨다. 원하는 것을 반드시 이룬다는 기대를 마음에 품어 보자.

일곱째, 계속 배우라. 새로운 것을 배우는 것은 뇌를 활성화시키고, 삶에 대한 호기심과 열정을 유지하게 한다. 마치 새로운 게임을 배우는 아이처럼 배우는 과정은 즐겁고 활기찬 경험이다. 배우는 자세는 정신적인 젊음을 유지하는 데 도움이 된다. 벤저민 프랭클린Benjamin Franklin은 정규 교육을 2년밖에 받지 않고 곧바로 인쇄소에서 일을 하게 되었다고 한다. 그럼에도 불구하고 그는 피뢰침을 만든 발명가, 미국 독립선언서를 작성한 정치인, 프랑스 대사를 역임한 외교관이 되었다. 그뿐 아니라 프랑스어, 라틴어, 이탈리아어까지 독학으로 익혔다고 한다. 프랭클린의 삶은 정규 교육의 기간이 짧더라도 끊임없는 배움과 자기 계발을 통해 얼마든지 성공적인 삶을 살 수 있다는 것을 보여 준다. 그는 배움에 대한 열정을 통해 자신의 한계를 뛰어넘고 다양한 분야에서 뛰어난 업적을 남겼다. 당신은 지금 어떤 것을 배우며 즐거움을 느끼고 있는가?

여덟째, 역경을 성장의 기회로 삼으라. 살다 보면 힘든 시기를 겪을 수 있다. 하지만 이러한 역경은 우리를 성장시키는 기회가 될 수 있다. 마치 폭풍우를 견디고 더 단단해지는 나무처럼, 역경을 통해 우리는 더 강해진다. 중요한 것은 역경에 굴하지 않고, 배우고 성장하는 것이다. 역경은 성장의 중요한 계기가 될 수 있고, 나를 더 나은 사람으로 만드는 여정이 된다. 다음의 칭기즈칸의 시를 한번 음미해 보자.

"집안이 나쁘다고 탓하지 말라. 나는 아홉 살에 아버지를 잃고 마을에서 쫓겨났다. 가난하다고 말하지 말라. 나는 들쥐를 잡아먹으며 연명했고 목숨을 건 전쟁이 내 직업이고 내 일이었다. 작은 나라에서 태어났다고 탓하지 말라. 내 영토는 2백만도 되지 않았다. 배운 게 없다고 힘이 없다고 말하지 말라. 나는 내 이름도 쓸 줄 몰랐으나 남의 말에 귀 기울이며 현명해지는 법을 배웠다. 너무 막막하다고, 그래서 포기해야겠다고 말하지 말라. 나는 목에 칼을 쓰고도 탈출했고 뺨에 화살을 맞고 죽었다 살아나기도 했다. 적은 밖에 있는 것이 아니라 내 안에 있었다. 나를 극복하는 그 순간 나는 칭기즈칸이 되었다."

아홉째, 먼저 자신을 알라. 성장은 단순히 나이를 먹는 것이 아니라, 내 안의 가능성을 발견하고 발전시켜 나가는 과정이다. 마치 씨앗이 싹을 틔우고 나무로 자라나는 것처럼, 성장은 자연스러운 과정이다. 먼저 자신을 아는 것은 성장의 출발점이다. 자신이 무엇을 잘하고 무엇을 좋아하는지, 어떤 가치를 중요하게 생각하는지 등을 파악해야 한다. 마치 자신의 장단점을 파악하는 것처럼, 자신을 객관적으로 분석해 보아야 한다. 지피지기 백전불태知彼知己 百戰不殆, 즉 적과 나를 정확히 파악하는 것이 성공의 중요한 열쇠라는 진리를 명심해야 할 것이다.

결론적으로, 학습과 성장은 삶의 중요한 두 가지 축이다. 긍정적인 태도로 배우고 성장하려는 노력을 꾸준히 한다면, 우리는 더욱 행복하고 성공적인 삶을 살아갈 수 있을 것이다. 마치 천 리 길도 매일 한 걸음씩 나아가는 것처럼, 꾸준한 노력이 결국 큰 변화를 만들어 낼 것이다. 학습과 성장은 삶의 질을 향상시키는 과정이다.

KEY GUIDE 성장

1. 더 배우고 성장하고 싶은 분야 3가지만 써 보세요.

   1)
   2)
   3)

2. 앞으로 10년 동안 지속해서 성장하고 싶은 분야 3가지만 써 보세요.

   1)
   2)
   3)

3. 당신의 성장을 지원할 후원자(멘토, 코치) 3명만 써 보세요.

   1)
   2)
   3)

4. 당신이 닮고 싶은 역할 모델 role-model 3명만 써 보세요.

   1)
   2)
   3)

5. 10년 후 당신의 성공적인 자화상을 아래의 표에 맞게 써 보세요.

WHEN	
WHERE	
WHO	
WHAT	

KEY QUESTION 성장

1. 역경을 통해 당신이 학습할 수 있는 것은 무엇인가요?

우리들의 이야기

역경에는 놀라운 힘, 나아가 깊은 뜻이 있다. 먼저 역경은 성찰의 힘이 있다. 지나온 날에 대한 성찰의 시간을 갖게 한다. 둘째, 역경은 나를 더욱 강하게 하는 힘이 있다. 역경에 굴복하지 않고 다시 살아남기 위해서는 종전보다 훨씬 더 강한 자신으로 거듭나야 한다. 그러기 위해서는 나의 부족한 점이 무엇인지 깨우치고 그 부분을 치열하게 채워야 한다. 셋째, 역경은 새로운 가치에 눈뜨게 한다. 올라갈 때 보지 못한 꽃을 볼 수 있게 하거나 새로운 세계에 대한 도전을 시도하게 한다. 잠시 길을 잃은 듯하지만 지금까지 걸어왔던 길을 벗어나 새로운 길을 만들어 나가는 계기가 될 수 있게 한다. 마지막으로, 역경은 타인의 고통에 대한 공감 능력을 키우게 한다. 내가 겪고 있는 고통이 아프면 아플수록 지금까지 타인들이 겪었을 고통을 헤아려 볼 수 있는 계기가 된다. 함부로 다른 사람을 아프게 하다가는 언젠가 부메랑이 되어 그 고통이 자신에게 돌아올 수 있음을 깨우칠 수 있게 한다. 이와 같이 역경의 놀라운 힘을 통해 새로운 사람을 만들어 낸다면 거기에는 깊은 뜻이 있을 수 있다. 역경 앞에서 속수무책으로 무너지는 사람도 있지만, 어떤 사람은 더 강해지고 그 역경을 통해 성숙한 삶으로 성장하기도 한다. _**박성실**

세상에서 살아남는 법을 배울 수 있는 것 같다. 살다 보면 수많은 실패와 어려움을 겪게 된다. 하지만 이는 결코 부정적인 상황만은 아니라고 생각한다. 생각해 보면, 들판에 아무도 돌보지 않는 들꽃이나 잡초들이 집안에서 키우는 화초들보다 더욱 생명력이 강하다. 그 이유는 화초는 병충해를 주인이 막아 주지만, 들꽃이나 잡초들은 스스로 역경을 이겨내며 더욱 강해졌기 때문이다. 사람도 마찬가지다. 많은 사람들에게 상처받고 내가 선택한 길이 낭떠러지라는 것을 느낀 좌절감이 결국 새로운 길을 선택할 때 도움이 되고, 더 나은 선택을 할 수 있게 해준다고 생각한다. _**조해리**

2. 다른 사람과 환경을 바꿀 수 없다면, 당신에게 필요한 변화는 어떤 것인가요?

우리들의 이야기

"If you don't like something, change it. If you can't change it, change your attitude"라는 문장은 다른 사람과 환경을 바꿀 수 없는 상황에서 답을 찾지 못해 괴로워하고 있을 때 발견한 것이다. 이 문장을 읽기 전에는 어떻게 하면 다른 사람을 바꿀 수 있을지, 그 사람이 나에게 맞춰 줄지, 왜 나를 둘러싼 환경은 이렇게밖에 안 되는지에 대해 우울해하고 걱정이 많았다. 하지만 모든 사람을 내가 생각하는 방향으로 바꾸는 것은 불가능하고 환경적인 부분은 더욱 그러하다. 그렇기 때문에 변화는 오직 나에게서만 일어날 수 있으며, 그 변화는 나의 태도, 즉 나의 생각을 다른 시각으로 바꾸고 긍정적인 마음가짐을 가지는 것에서 시작될 것이다. _이하경

다른 사람과 환경을 바꿀 수 없다면, 나에게 필요한 변화는 현재 환경에 맞춰 내 능력을 발휘할 수 있도록 노력하는 것이다. 다른 사람과의 비교는 결국 내 상황에 대한 불만족으로 이어질 수밖에 없다고 생각한다. 이러한 불만족이 계속되면 의욕을 상실한 상태가 지속될 것이다. 따라서 다른 사람과 환경을 바꿀 수 없다면, 그것을 계속 생각하기보다는 지금 내가 무엇을 할 수 있는지를 고민하는 것이 중요하다고 생각한다. 현재 상황에서 무엇을 할 수 있는지, 앞으로 더 좋은 방향으로 가기 위해 무엇을 해야 하는지를 생각하면, 환경을 바꾸지 않더라도 충분히 더 나은 상태로 나아갈 수 있을 것이다. _정세하

3. 미래를 생각해 볼 때, 당신이 성공적인 삶을 살기 위해서는 어떤 노력을 기울여야 할까요?

우리들의 이야기

가장 먼저 나를 돌아보는 시간과 나를 아는 시간이 필요하다. 나에게 성공한 삶이란 스스로가 행복하다고 느끼는 삶이라고 생각한다. 그리고 내가 무엇을 좋아하고 잘할 수 있는지 아는 것이 그 시작이라고 생각한다. 오랜만에 휴학한 학과 친구들과 만나 내가 전부터 소개시켜 주고 싶었던 고깃집에 갔다. 그런데 그곳에서 사장님과 나눴던 짧은 대화가 기억난다. 사장님은 우리가 하는 얘기를 듣고서 "휴학하는 것도 나쁘진 않지. 나를 아는 시간이 필요해. 내가 하고 싶은 일이 무엇인가를 알아야 해. 지금 굉장히 중요한 말을 하고 있는 거야. 나도 그랬으니깐. 대기업 들어가서 1년 일하다가 나왔어 나도…"라고 말씀하셨다. 내가 보기에도 사장님은 현재 이 일을 즐기고 있는 듯했다. 가게에는 자신이 좋아하는 음악이 흘러나오고 있었고, 벽에는 자신이 그린 인물화가 걸려 있었다. 그때 나는 다시 한번 나를 안다는 것의 중요성에 대해 깊게 깨달았다. 그런 의미에서 하고 싶은 것이 무엇인지 확실하게 아는 것은 성공적인 삶을 살게 하는 초석이 된다. _**선효진**

4. 당신을 긴장시키고 발전하도록 압박하는 목표는 무엇인가요? 더욱 성장하고 발전하려면 그 목표를 어떻게 확장시켜야 할까요?

우리들의 이야기

다른 사람이 어려워서 포기한 목표가 나의 도전 정신을 자극한다. 쉬운 것은 별로 하고 싶은 마음이 들지 않고 남들이 다 하는 것도 구미가 당기지 않는다. 발전하기 위해서는 내가 할 수 있는 한계치보다 한 단계 위의 목표를 설정하는 것이 필요하고, 같이 목표를 달성하는 집단도 중요할 것 같다. 나보다 능력이 부족한 사람들과 함께하는 것보다 나보다 뛰어난 사람들과 함께하는 것이 나를 성장하게 한다. _유은솔

가끔 대충 넘어가고 싶을 때, 아무것도 안 하고 싶을 때가 있다. 잠시 그런 생각을 하다가도 다시 정신을 차리게 만드는 것은 아직 나는 하고 싶은 것이 많다는 것이다. 꼭 한 가지 꿈만 가질 필요는 없다고 생각한다. 나는 기업에서 실력을 인정받아 높은 직급까지 가보고 싶기도 하고, 여성단체에서 일하면서 많은 사람들을 돕고 싶기도 하고, 패션잡지사에서 에디터로서 글을 쓰고 싶기도 하다. 어떤 곳에서 무슨 역할을 맡든 우선 능력과 자격이 갖춰져야 한다고 생각한다. 대학생인 내가 할 수 있는 일은 많은 것을 보고 듣고 배우는 것과 많은 사람을 만나 보는 것일 것이다. 그리고 무엇보다 나무가 아닌 큰 숲을 보며 목표를 세우려고 한다. 어제에 비해 오늘이 단 0.001%라도 나은 사람이 되려고 노력하겠다. _조유진

REFLECTION QUESTION 성장

1. 어렸을 때 가장 큰 꿈은 무엇이었나요?
- 그 꿈이 어떻게 변했고, 지금은 어떤 꿈을 꾸고 있나요?

2. 당신의 성장에 가장 큰 영향을 준 것은 무엇인가요?
- 그것이 당신에게 어떻게 영향을 미쳤나요?

3. 당신을 발전하게 만드는 목표는 무엇인가요?
- 더 성장하려면 목표를 어떻게 확장해야 할까요?

4. 삶에서 어떤 경험을 하고 싶나요?
- 어떤 새로운 것을 시도하고 싶은가요?

5. 배우고 싶은 것 또는 익히고 싶은 기술은 무엇인가요?
- 어떤 학습이 당신에게 도움을 줄까요?

6. 역경을 통해 무엇을 배울 수 있을까요?
- 어려움을 통해 얻을 수 있는 교훈은 무엇인가요?

7. 현재의 문제나 어려움이 어떻게 당신의 성장에 도움이 되나요?
- 그 상황이 당신에게 어떤 유익을 줄 수 있나요?

8. 성공을 어떻게 정의하나요?
- 지금 성공적인 삶을 살고 있나요? 앞으로 어떻게 계속해 나갈 건가요?

9. 미래의 성장 목표는 무엇인가요?
- 배우고 싶은 특별한 기술이나 도전 목표는 무엇인가요?

10. 성장을 위해 당신의 재능을 어떻게 활용하고 있나요?
- 일하고 배우면서 재능을 어떻게 발전시키고 있나요?

공헌

"어떻게 살 것인가?"

"어떻게 살 것인가?"는 우리 인생에 가장 어렵고도 중요한 질문이다. 어찌 보면 이 질문에 답하기 위해 평생 우리는 길을 찾는 것이 아닌가 생각해 본다.

흔히 "잘 먹고 잘 살자"라는 말을 한다. 그런데 정말 잘 사는 것은 무엇일까? "남들처럼 떵떵거리며 사는 것", "저 푸른 초원 위에 그림 같은 집을 짓고 하고 싶은 것을 마음껏 하며 사는 것" 등 사람마다 제각기 답은 다를 것이다.

갖고 싶었던 것을 다 가지면 우리는 행복할까? 그럴 수도 있을 것이다. 그런데 소유에 대한 인간의 욕망은 끝이 없어서 가지면 가질수록 더 가지고 싶어진다고 한다. 그러면 도대체 어떻게 해야 할까?

심리학자 매슬로우Masslow의 욕구 단계 이론을 보면 사람은 먼저 의식주와 같은 생리적인 욕구를 충족해야 하고, 다음으로 전쟁과 재난으로부터 안전하게 살고 싶은 욕구가 있으며, 이러한 단계를 거쳐 다른 사람들을 돌아보면서 공동체에서 소속감과 존재감을 느끼고, 존중의 욕구와 자아실현의 욕구로 넓혀 간다고 한다. 그런데 분명한 것은 사람들은 혼자 잘 먹고 잘 산다고 행복해하지 않는다는 것이다. 다른 사람과의 관계 속에서 자신의 존재감과 함께 인정을 받으며 더 큰 행복감을 느낀다는 것이다.

그러면 우리는 어떻게 살아야 더 행복하게 살 수 있을까? 이 책의 마지막 장을 "공헌"으로 선정한 이유이기도 하다. 궁극적으로 자신의 재능으로 자기 것만 잘 챙긴다면 조직과 사람들로부터 소외되기 쉽다. 결국에는 나의 재능을 어떻게 하면 다른 사람들을 위해 사용하는가에 따라 그 사람의 존재감이 달라지고, 이를 통해 그 사람의 자존감이 높아지며 다른 사람들에게도 존중받는 사람이 되는 것이다.

나를 넘어 타인을 위해, 나아가 세상을 위해 할 수 있는 일은 무엇이 있을까? 세상을 위한 공헌 역시 바로 나의 재능과 강점에서 시작할 수 있다.

사람들은 흔히 공헌에 대해 많은 돈을 기부하거나 아프리카의 밀림이나 사막 등 오지로 들어가 빈민을 위해 평생을 헌신하는 삶으로 생각한다. 과연 그런가? 그렇다면 우리는 모두 슈바이처 박사와 테레사 수녀처럼 살아야 할까?

그럴 수도 있겠지만, 내가 하고 있는 일에서도 얼마든지 세상에 공헌할 수 있다고 생각한다. 몇 가지 예를 들어보겠다.

하브야리마나James Habyarimana라는 이름을 가진 미국의 교수가 있다. 그는 케냐 출신으로 미국 조지타운대학의 경제학 교수다. 그는 조국 케냐를 위해 할 수 있는 일이 무엇일까 생각했다. 먼저 그의 전공 분야를 살려서 케냐의 경제를 살릴 방법을 고민했다. 이를 위해서는 먼저 국가 지도자들이 변화되어야 하고 또 국민 한 사람 한 사람이 모두 동참해야만 했는데, 이는 너무나 많은 시간과 노력이 따라야 가능한 일이라는 것을 깨달았다. 그래서 그는 나라를 위해 가장 시급하게 진행해야 할 일이 무엇일지 다시 찾게 되었다. 그러던 중 우연히 케냐의 교통사고 사망률이 세계에서 가장 높다는 것을 알게 되었다.

교통사고 사망률을 낮추려면 어떻게 해야 할까? 운전자는 교통법규를 잘 지키고 안전운전을 해야 하며, 보행자들 역시 마찬가지다. 케냐는 교통수단이 매우 열악하여 미니버스를 대중교통으로 많이 사용하는데, 과속 운행은 물론 탑승 인원을 초과하여 해마다 많은 사람들이 교통사고로 목숨을 잃는다. 심지어 15~29세의 사망률 1위가 교통사고일 정도다.

사실 교통사고는 질병이 아닌 단순히 사고이기에 노력에 따라 얼마든지 줄일 수 있다. 이에 하브야리마나 교수는 교통사고를 줄일 수 있는 방법을 고민하기 시작했다. 법을 개정하여 교통 범칙금을 올리는 방법도 있고, 도로에 과속방지 카메라를 설치하는 방법도 있을 것이다. 그런데 이런 것들은 모두 케냐의 현지 상황에 적용하기가 어려웠다.

이에 그는 아주 간단하게 미니버스에 과속 예방을 위한 홍보 스티커를 붙이기로 했다. 스티커에는 교통사고로 상해를 당한 사람들의 처참한 모습의 사진과 함께 과속하는 운전자들에게 호통치고 야유를 보내자는 문구를 포함시켰다. 결과는 놀라웠다. 이 캠페인을 실시한 후 교통사고가 60%나 감소하는 획기적인 변화가 일어난 것이다. 작은 스티커를 차에 붙여 운전자들의 안전운전을 촉구한 것이 너무나 많은 사람의 소중한 생명을 살린 것이다. 이렇듯 한 사람의 작은 노력과 시도로도 한 나라를 바꿀 수 있다.

미래학자인 다니엘 핑크Daniel Pink는 「파는 것이 인간이다」라는 책에서 봉사service라는 것은 사람들의 삶을 개선하고 세상을 발전시키는 일이며, 자원을 교환하는 것보다 사람의 마음을 움직이는 것이 더 훌륭하고 지속적인 성과를 달성할 수 있다고 말한다.

다음 사례로 예호나탄 터너^{Yehonatan. M. Turner}라는 이름의 이스라엘의 방사선과 의사의 이야기를 나누려고 한다. 그는 처음 전문의가 되어 방사선 판독실에서 일하게 되었다. 종일 암실에서 수많은 방사선 영상자료를 바라보며 진단해야 했다. 함께 일하는 사람 하나 없이 혼자 일하는 것은 젊은 그에게 무척 따분하고 지루한 일이었다. 조금 더 즐겁게 일을 할 수는 없을까? 어느 날 문득 기발한 아이디어가 떠올랐다.

그는 방사선 영상자료에 환자들의 얼굴 사진을 함께 부착하여 진단하면 조금 더 생동감 있고 진지하게 진단할 수 있지 않을까 하는 생각으로 환자들과 동료 의사들의 동의를 구했다. 300명의 환자를 대상으로 얼굴 사진을 붙여 영상자료를 판독한 의사와 그렇지 않은 의사의 진단 결과를 실험했는데, 놀랍게도 얼굴 사진을 붙인 의사들이 81건이나 더 많은 부수적인 진단을 발견했다.

환자의 얼굴을 바라보며 진단을 한 의사들은 환자들이 더 친밀하게 느껴졌고, 자신들이 '보다 더 의사처럼' 생각되었다고 한다. 영상 판독자료에 얼굴 사진을 붙이는 것은 사실 아주 사소한 변화다. 그런데 어느 젊은 의사의 작은 아이디어가 수많은 사람들의 목숨을 구할 수도 있는 것이다. 이처럼 내가 하는 일에서 시작한 아주 사소한 시도가 세상을 움직이는 큰 변화가 될 수 있다. 이것이 바로 자신의 재능을 활용한 공헌이다.

세 번째 사례로 고 이태석 신부를 들고자 한다. 이태석 신부는 가난한 홀어머니 밑에서 자라 의사가 되었다. 그런데 전문의를 취득한 그는 종신 서원을 하며 사제의 길을 걷게 된다. 한국을 떠나 전쟁으로 고통받고 있는 아프리카 남수단의 톤즈라는 곳으로 가서 학교와 병원을 짓고 그곳 사람들과 함께 8년을 살았다. 꿈과 희망이 없는 톤즈의 어린이들을 대상으로 브라스밴드 악단을 만들어 가르치고, 급기야 그들을 데리고 한국에서 공연을 펼치기까지 한다. 톤즈 아이들에게는 꿈 같은 시간이었다.

어느 날 몸의 이상을 느껴 귀국하여 대장암 말기 판정을 받고도 그는 다시 톤즈로 돌아가기를 원했고, 마지막 순간까지 아픈 몸을 이끌고 아이들의 장학금 마련을 위한 콘서트를 열었다. 그는 하늘로 떠났지만 그가 키운 아이들은 어느덧 한국으로 유학을 와서 그의 모교에서 의사의 길을 걷고 있다.

물론 모든 사람이 이태석 신부처럼 살 수는 없다. 우리가 먹고 자는 집, 나아가 우리가 일하는 곳, 그리고 그곳에서 함께 일하고 만나는 사람들이 곧 우리가 섬겨야 할 대상이다. 내 손으로 할 수 있는 일은 무엇일까? 더 나아가 내가 잘하는 일은 무엇일까? 그것을 나 자신만이 아니라 세상과 사람들을 위해 사용할 방법은 무엇일까?

네 번째 사례자는 온누리교회 고 장응복 장로다. 그는 평양의학전문학교를 졸업하고 한국전쟁 이후 남한에서 1958년부터 의술에 헌신했다. 밤낮 환자의 형편을 가리지 않고 진료에 임하는 모습은 '한남동 슈바이처'라 칭송받기에 부족함이 없었다. 평생 극도의 검소함을 실천하며 모은 재산은 교육, 특히 '배워서 남 주자'는 이념을 가진 한동대학교에 기부하기로 뜻을 정했다. 1998년부터 한동대를 개인적으로 후원하기 시작, 2015년에는 100억 원을 약정하고 이후 총 113억 원을 쾌척하는 대규모 나눔을 실천했다. 단순한 기부에 그치지 않고 한동가디언스 참여, 장학금 지원, 채플 시설 지원, 의료 시설 설립 지원 등 다방면으로 학교 발전에 공헌했다. 장응복 장로 부부는 월남 후 무일푼으로 시작하여 아흔이 넘어서도 대중교통을 이용할 정도로 검소한 생활을 유지했으며, 이는 '벌어서 남 주자'는 정신의 근간이 되었다. 그의 삶은 헌신적인 의료 봉사, 철저한 검약 생활, 교육에 대한 깊은 애정, 그리고 무엇보다 신앙에 기반한 나눔의 실천이었다.

「서번트 리더십 원전」이라는 책에서 로버트 그린리프(Rober Greenleaf)는 섬기는 사람들은 도움을 받은 사람들이 얼마나 성장했는가, 나아가 얼마나 건강하고 현명해졌는가, 더 자유롭고 자율적인 인간이 되었는가, 마침내 섬김을 받은 사람들 역시 남을 섬길 가능성이 있는가를 목표로 하라고 말한다. 다시 말하면 내가 잘할 수 있는 일, 즉 나의 강점을 활용하여 다른 사람들이 성장하고, 건강해지고, 현명해지고, 자유로워지고 나아가 그들이 또 다른 사람들을 섬길 수 있도록 돕는 것이 곧 섬기는 것이고, 이것이 세상과 사람을 위한 공헌이라는 것이다.

"벼는 익으면 머리를 숙인다"라는 말이 있다. 벼가 자랄 때는 모든 에너지를 자신의 성장을 위해 사용한다. 뿌리를 더 깊숙이 땅에 내리고 영양분을 흡수하여 줄기가 쑥쑥 자라다 어느덧 키가 다 자라면 그때부터 자신에게 있던 에너지를 축적하여 다음 세대를 위한 열매를 만들기 시작한다. 그 열매가 익으면 고개를 숙여 다시 땅에 씨앗을 남기는 것이다.

식물이든 동물이든 언젠가는 생명을 다하게 된다. 그렇지만 자신의 모든 것이 사라져도 자신의 가장 좋은 것들은 다음 세대로 이어진다. 이것이 곧 성숙이다. 우리가 가진 가장 좋은 것을 내가 아닌 이웃과 세상에 전하는 것이 곧 공헌이고 섬김이라고 생각한다. 이것이 우리 인류가 사라지지 않고 역사와 함께 계속되어 온 순리인 것이다.

KEY GUIDE 공헌

1. 당신의 강점을 활용하여 타인과 세상을 위해 할 수 있는 일 5가지를 적어 보세요.

   1)

   2)

   3)

   4)

   5)

2. 당신이 남길 수 있는 유산 3가지는 무엇입니까?

   1)

   2)

   3)

3. 어떤 사람으로 기억되길 원하나요?

> **KEY QUESTION 공헌**

1. 어떤 사람과 조직에서 봉사하는 시간을 통해 만족감을 느낀 경험이 있나요? 그때 어떤 일을 했나요?

우리들의 이야기

지난 겨울방학 때, 교내 해외 봉사 활동으로 한 달간 일본의 양로원에서 몸이 불편한 어르신들을 돕는 활동과 초등학교 및 중학교에서 한국 문화를 알리는 활동을 했고, 지역사회 장애인이 운영하는 '호시카제 카페'의 홍보 콘텐츠 책자와 메뉴 및 영상 제작을 했던 경험이 있다. 마지막 활동은 내가 잘할 수 있는 부분을 살릴 수 있었던 프로젝트라 만족감을 느꼈던 일 중 하나로 기억된다. 호시카제 카페의 홍보 브로셔와 메뉴판을 한국어 버전으로 새롭게 만드는 작업이었는데, 내 재능이 누군가에게 도움이 된다는 것에 큰 감동을 받았고, 스스로에게 자랑스러운 순간 중 하나로 기억될 것 같다. 무엇보다도 그분들이 너무 좋아해 주셔서 감사했던 활동 중 하나다. _최수진

약 2년간 다문화 관련 사람들과 조직에 봉사한 시간들이 매우 만족스러웠고 나에게도 좋은 공부가 되었다. 중도 입국자녀와의 멘토링, 이주민들과 가장 가까운 자리에서 소통하시는 강사님들의 좋은 강연, 자신의 성장환경과 관련된 북한이탈주민과의 대화, 이주민영화제 참여를 통한 이주노동자의 삶 간접 체험 등 다양한 활동을 경험할 수 있었다. 또한 다문화 동아리에 소속되어, 일반 부원, 홍보부 팀장, 부단장, 단장을 거쳤는데 각 역할을 맡으면서 소중한 배움을 얻었다. 역할에 따라 내가 접할 수 있는 정보의 양과 질이 달랐으며, 위로 올라갈수록 책임감이 막중했다. 또한 더욱 적극적으로 움직이게 되었으며, 당장의 일 처리에 급급하기보다는 장기적인 관점을 갖게 되었다. _양지성

2. 당신의 도움이나 봉사로 가장 큰 혜택을 입은 사람이나 조직은 누구인가요?

우리들의 이야기

고등학교를 다니는 3년 동안 일주일에 한 번씩 지역 내 혼자 사시는 할머니, 할아버지 댁에 찾아가서 집안일과 농사일을 도와드리고 함께 시간을 보내는 일을 했다. 처음에는 의무로 채워야 하는 봉사 시간 때문에 시작한 활동이었다. 사실 할머니, 할아버지 댁이 학교에서 멀리 떨어져 있어서 한 번 봉사를 다녀오면 거의 토요일 오후를 통째로 써야 했다. 이 점이 나는 불만이었다. '수험생으로서 할 일이 얼마나 많은데…' 하며 이기적으로 생각했다. 그렇지만 점점 함께 보내는 시간이 쌓여 가면서 내 마음의 문도 열리기 시작했다. 이렇게 인연을 맺은 할머니, 할아버지가 두 분이 계시다. 내가 갈 때마다 간식거리를 내어주시고, 청소를 도와드린다고 하면 괜히 와서 힘들게 일하지 말고 편하게 놀다 가라고 하셨다. 그래도 굳이 우겨서 집안일을 잔뜩 해드리고 왔지만, 사실 할머니, 할아버지가 원하셨던 것은 대신 할 일을 해드리는 것보다 젊은 학생들 여럿이 와서 떠들썩하게 사람 사는 느낌 나게 해드리는 것이 아니었을까 싶다. 지금 돌이켜보면 내가 도움을 주려고 간 곳이었는데, 되레 더 많이 받고 왔던 것 같다는 생각이 든다. _이은영

친구를 일주일에 한 번씩 꼭 만나면서 잠시 모든 것을 멈추고 돌아볼 수 있게 격려하고 위로하는 일을 했다. 그 친구도 차츰 막막함을 뛰어넘어 앞으로 나아갈 힘을 얻었고, 결국 삶의 이유를 찾고 우선순위를 정하여 균형 있는 생활을 하기 시작했다. 사실 일주일에 한 번씩 친구를 만나 이야기를 들어주는 것이 결코 쉽지는 않았지만, 그 친구가 조금씩 희망을 찾고 변화하는 것을 보며 많은 자극을 받았다. 그 친구는 이제 자기 삶의 방향성을 잡고 후배들의 멘토로서 내가 하던 일을 하고 있다. 아직도 그 친구가 그런 일을 하는 것이 놀랍고 신기하지만, 나의 작은 위로와 섬김이 적게는 그 친구를, 많게는 앞으로 그 친구가 만날 수많은 사람들을 변화시킬 것이라고 생각하니 너무 행복하고 뿌듯하다. _이민주

3. 1년이라는 시간을 자선단체에서 봉사자로 일한다면 어디에서 일하고 싶나요?

우리들의 이야기

국내의 이주가족들을 위한 단체에서 일하고 싶다. 3년째 하고 있는 전화 통역 봉사가 있다. 내가 받는 통역 전화의 8할은 경찰서에서 오는 것인데, 가장 최근에 받은 전화로 인해 이주가족들을 위해 일하고 싶다는 생각을 하게 되었다. 한국인 남편에게 폭행을 당한 필리핀 여성의 전화였는데, 경찰의 출동을 제지하고 있어 경찰이 그 연유를 물어보는 전화였다. 목소리만 들어도 그 여성이 느끼는 감정을 너무 잘 알 수 있었다. 무엇이 두려운 것인지, 왜 출동을 막는 것인지 너무나 잘 알기에 마음이 먹먹했다. 왜 그동안 먼 곳에서 내가 헌신할 수 있는 것을 찾았는지 머리를 세게 얻어맞은 느낌이었다. 한국어가 어려운 이주가족들의 입이 되어 주고, 한국의 법률을 알아봐 주며, 마음으로 위로해 줄 수 있는 곳에서 헌신하고 싶다. _유은솔

나는 빈곤 아동과 환경 문제에 관심이 많아 세이브더칠드런과 그린피스에 소액이지만 꾸준히 정기 후원을 하고 있다. 자선단체에서 일하게 된다면, 내가 후원하고 있는 세이브더칠드런에서 직접 구조활동을 하거나, 그린피스를 통해 환경 문제의 최전선에서 활동하면서 사회 문제를 해결하는 데 일조하고 싶다. 내가 도움이 된다면 네팔과 같은 지역에 가서 궂은일을 하며 아이들을 돕고 싶다는 생각도 하고 있다. 요즘에는 동물에 관한 자원봉사에도 관심이 있다. 1년 전 학대를 당했던 유기견을 데려와 키우면서 동물에 더욱 관심을 가지게 되었는데, 그들을 돕기 위한 길을 찾고 싶다. _최지현

4. 당신의 공헌은 세상을 어떻게 변화시킬 수 있을까요? 이를 통해 당신은 어떤 것을 이루기를 바라나요?

우리들의 이야기

내가 할 수 있는 공헌은 '교육'의 맥락에서 찾아볼 수 있을 것 같다. 꼭 학교에서 배우는 것이 아니더라도, 누구든 꿈을 찾는 과정에서 고민할 때 이야기해 줄 수 있는 멘토가 되고 싶다. 내 직업 분야에서 숙련된 태도를 가진 전문가로서 나의 노하우와 경험이 누군가의 삶에 도움이 된다면 즐거운 마음으로 내가 걸어온 길을 이야기해 주고, 그 과정에서 있었던 위기나 기회에 대해 말해 줄 수 있을 것 같다. 이런 내 공헌은 더 좋은 인재를 성장시키는 데 이바지할 것이라고 생각한다. 그리고 내 공헌이 결국에는 내 아이가 사회 속에서 좋은 영향을 받고 또 줄 수 있는 사람으로 성장하게 하는 데 도움이 되리라고 믿는다. _서지영

나는 항상 주위 사람들에게 말하곤 한다. 우리 세대가 노력하지 않으면 우리 자녀들은 우리와 똑같은, 혹은 더 심한 세대를 살게 될 거라고. 지금도 대한민국은 유리천장이 너무나 굳건하다. 계란으로 바위를 치는 꼴이라고 해도 포기하면 안 된다. 수천, 수만 개의 계란이 바위를 내려찍으면 얘기는 달라진다. 나 한 사람은 온 지구상으로 볼 때 작고 보잘것없다. 그러나 내가 조금이라도 그 바위에 흠집을 낼 수 있다면 나는 노력하겠다. 끊임없이 도전할 것이다. _조유진

REFLECTION QUESTION 공헌

1. 세상의 어떤 분야에 기여할 수 있을까요?
   - 당신이 잘할 수 있는 분야는 무엇인가요?

2. 무엇이 당신을 움직이게 하나요?
   - 당신은 무엇에 열정을 가지고 있나요?

3. 당신을 지지하고 돕는 3명은 누구인가요?
   - 그들은 어떻게 당신을 도울 수 있나요?

4. 당신의 시간 중 몇 퍼센트를 다른 사람을 위해 사용하나요?
   - 그 숫자가 어떤 의미가 있나요?

5. 누구를 돕고 싶나요?
   - 어떤 사람들에게 가장 큰 변화를 줄 수 있나요?

6. 봉사하는 시간을 통해 만족감을 느낀 경험이 있나요?
   • 그때 어떤 일을 했나요?

7. 1년 동안 자선단체에서 봉사한다면 어디서 일하고 싶나요?
   • 어떤 종류의 일을 하고 싶나요?

8. 힘든 환경 속에서도 꼭 돕고 싶은 사람이나 조직이 있나요?
   • 그들을 어떻게 돕고 싶나요?

9. 봉사와 사랑의 손길을 줄 수 있는 분야는 무엇인가요?
   • 그런 기회가 왔을 때 어떻게 하고 싶나요?

10. 당신의 공헌은 세상을 어떻게 변화시킬 수 있을까요?
    • 이를 통해 이루고 싶은 것은 무엇인가요?

에필로그

김하영   내가 추구해야 할 것이 무엇인지, 공동체에서 어떤 역할을 하며 살고 세상에 공헌해야 할지 다시 돌아보게 되었다.

박성실   인생의 우선순위를 일깨워 주는 질문들을 채워 가며 진정한 나를 찾게 되었고, 내가 어떤 사람인지, 무엇을 원하는지, 그것을 이루기 위해 어떻게 첫발을 내디딜 것인지 생각해 보는 시간이 되었다.

배경진   스스로에게 질문을 던지고 고민해 보는 시간을 통해 '나'를 만날 수 있을 것이다.

서지영   나에 대한 이해를 바탕으로 나를 발전시키고, 타인을 이해하고, 함께하는 멋진 사람으로 성장하겠다.

선효진   예전에는 약점을 어떻게 하면 극복할 수 있을까에 초점을 맞췄다면, 지금은 어떻게 하면 내 강점을 나만의 것으로 만들 수 있을까에 대한 고민을 하기 시작했다.

이민주   자기성찰, 경청, 나를 알고 사랑하는 것, 남을 이해하고 용서하는 것을 깨닫는 시간이었다.

이명아   하루도 빠짐없이 질문에 대답하는 것은 여행을 위해서 짐을 싸는 것과 같은 설렘을 느끼게 했다.

이은영   급한 일들에 떠밀려 놓치고 있던 '중요하지만 급하지 않은 것'에 대해 고민할 수 있었다.

이진주   내가 가진 강점에 대한 자신감과 자부심을 가질 수 있었던 시간이었다.

이현정   내 스스로 내면 깊은 곳을 들여다볼 수 있었던 시간이다.

이하경	객관적 자기성찰을 통해 나라는 사람에 대해 끝까지 파헤쳐 본 시간이었다.
양지성	나에 대해 이토록 관심을 가지고 밤을 꼬박 새워가며 치열하게 고민한 적은 처음이다.
유다현	나를 성찰하는 시간을 통해 자존감이 높아졌다. 앞으로 추구하는 것을 얻기 위해 더 노력할 것이다.
유은솔	과거를 통해 현재를 알고, 미래를 그려 볼 수 있었던 좋은 시간이었다.
유주현	몇 년 후, 질문에 대한 나의 답을 다시 읽게 될 날이 기다려진다.
유혜원	인생의 방향성을 다시 한번 생각해 보았고, 내 삶의 우선순위를 재정립하는 시간을 가졌다.
조유진	이제는 '지금, 여기서' 온전한 나로서 살아가겠다.
조해리	인생에 정해진 답이 없다는 것을 알았다. 모두가 자신의 이야기 속의 주인공들이다. 실패한 삶은 없다.
정세하	지극히 평범하다고 생각했던 나는 질문에 대한 답을 하면서 나만의 스토리, 나만의 강점, 나만의 꿈을 발견했다.
최수진	15가지 주제에 대한 질문을 통해 비로소 한 걸음 한 걸음 나 자신에게 가까워질 수 있었다.
최지현	나에 대해, 나를 감싸는 환경에 대해 생각해 보고, 나의 가능성에 대해 알아본 시간이었다.

참고도서

- 닉 앤 낸시 스틴넷, 「환상적인 가족 만들기」, 제석봉, 박경 옮김 (학지사, 2004)
- 다니엘 핑크, 「파는 것이 인간이다」, 김명철 옮김 (청림출판, 2013)
- 다니엘 핑크, 「DRIVE 드라이브」, 김주환 옮김 (청림출판, 2011)
- 대한의사협회, 「대국민 건강선언문」 (대한의학서적, 2017)
- 데일 카네기, 「데일 카네기 인간관계론」, 임상훈 옮김 (현대지성, 2019)
- 도널드 클리프턴, 폴라 넬슨, 「강점에 올인하라」, 홍석표 옮김 (솔로몬북, 2007)
- 도종환, 「담쟁이」 (시인생각, 2012)
- 레프 톨스토이, 「사람은 무엇으로 사는가」, 홍대화 옮김 (현대지성, 2021)
- 로버트 K. 그린리프, 「서번트 리더십 원전」, 강주헌 옮김 (참솔, 2006)
- 마틴 셀리그만, 「마틴 셀리그만의 플로리시」, 우문식, 윤상운 옮김 (물푸레, 2020)
- 스티븐 코비, 「성공하는 사람들의 7가지 습관」, 김경섭 옮김 (김영사, 2023)
- 전우익, 「혼자만 잘 살믄 무슨 재민겨」 (현암사, 2017)
- 정옥분, 정순화, 「결혼과 가족」 (학지사, 2020)
- 존 맥스웰, 「어떻게 배울 것인가」, 박산호 옮김 (비즈니스북스, 2014)
- 존 버드, 「나에게 일이란 무엇인가」, 강세희 옮김 (이후, 2016)
- 지그 지글러, 「정상에서 만납시다」, 이은정 옮김 (판라이트, 2022)
- 도널드 클리프턴, 톰 래스, 「당신의 물통은 얼마나 채워져 있습니까?」, 노규형 옮김 (해냄, 2005)

강점의 발견
ⓒ 이동우

1판 1쇄 인쇄 2025년 2월 25일
1판 1쇄 발행 2025년 3월 5일

지은이   이동우
발행인   조애신
편집   이소연
디자인   임은미
마케팅   전필영
경영지원   전두표

발행처   도서출판 토기장이
주소   서울시 마포구 동교로 71-1 2F
출판등록   1998년 5월 29일 제1998-000070호
전화   02-3143-0400
팩스   0505-300-0646
이메일   tletter77@naver.com
인스타그램 togijangi_books_

ISBN   978-89-7782-542-0

- 이 책은 저작권 법에 따라 보호를 받는 저작물이므로 무단 전재와 무단 복제를 금합니다.
- 이 책의 전부 또는 일부를 이용하려면 반드시 저자와 도서출판 토기장이의 동의를 받아야 합니다.

도서출판 토기장이는 생명 있는 책만 만듭니다.
"우리는 진흙이요 주는 토기장이시니 우리는 다 주의 손으로 지으신 것이니이다" (이사야 64:8)